돈의 가격

THE PRICE OF MONEY

How to Prosper in a Financial World That's Rigged Against You

돈의 가격

THE PRICE OF MONEY

부자들만 알고 있는
돈의 작동 원리

롭 딕스 지음 ——————————— 신현승 옮김

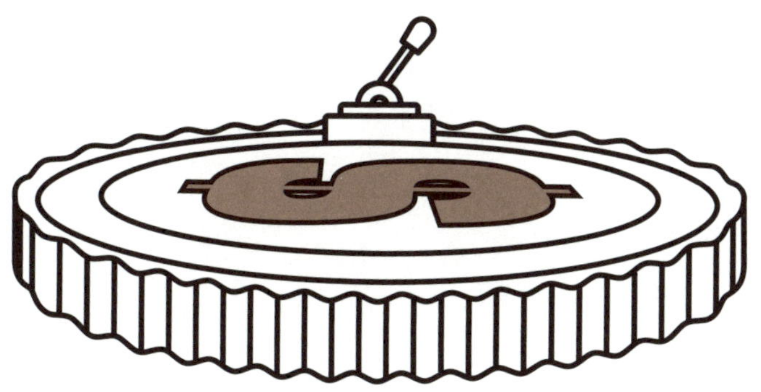

INFLUENTIAL
인플루엔셜

돈의 작동 원리를 이해하면

두려움은 사라지고 돈에 관한 주도권을 쥐게 된다.

이 책에 대한 찬사

우리는 자본주의 시대를 살아가며 어디에 투자해야 할지에 대한 수많은 정보를 접한다. 그러나 투자는 결국 '돈'으로 이루어지는 것임에도 실제 그 가격이 얼마인지에 대해서는 정작 큰 관심을 기울이지 않는다. 이 책에서 저자는 '돈'의 역사부터 시작해서 어떻게 지금의 모습에 이르게 되었는지, 그리고 이를 어떻게 투자 아이디어로 연결하는지를 세심하고 흥미로운 스토리텔링으로 보여준다. 투자의 근간이 되는 매크로 경제와 그 수단인 '돈'과 친해지고자 하는 독자들에게 이 책을 추천한다.

_오건영, 신한은행 팀장, 《환율의 대전환》 저자

투자의 세계에서는 당장의 날씨를 정확히 맞히는 것보다 계절의 위치를 아는 것이 더 중요하다. 특히 통화량, 인플레이션, 그리고 금리가 만들어내는 '투자의 계절'을 이해하는 것은 필수적이다. 1971년 금본위제의 폐기 이후 세계는 달라졌다. 물가는 오르고 통화량은 늘어났으며, 금리는 떨어지고 자산 가격은 올랐다. 이제 당신은 다시 물어야 한다. "지금과 같은 투자의 계절에서 무엇을 해야 할까?" 이 책이 완벽한 답은 줄 수 없더라도, 뛰어난 길잡이 역할을 할 것이라는 점은 믿어 의심치 않는다.

_이상건, 미래에셋투자와연금센터 센터장

이 책은 통화·금리·부채 구조를 이해해 스스로 투자 판단과 전략을 세우는 능력을 길러 주는 실전형 교양 경제서다. 이 책이 독자들의 삶을 풍요롭게 만들어 줄 것이다. 강력히 추천한다.　　　　　　　_ **김영익, 한국금융연수원 겸임교수**

이 책은 지금 우리가 겪는 경기 침체가 어디에서 비롯되었는지를 놀라울 만큼 명확하고, 누구나 이해할 수 있도록 유머러스하게 풀어낸 탁월한 입문서다. 이 내용을 제대로 이해한다면, 누구나 더 나은 재정 결정을 내릴 수 있을 것이다. 강력히 추천한다.　　　　　　　_ **이언 데일, 정치평론가·방송인**

현대 금융과 경제의 핵심을 흡인력 있고 읽기 쉽게 풀어낸 짧지만 강렬한 안내서. 오늘날 글로벌 경제가 왜 이렇게 어지럽게 되었는지, 그리고 그것이 우리의 재정에 어떤 파장을 일으키는지를 이해하고 싶은 모든 이에게 매우 유용하다.　　　　　　　_ **질리언 테트, 《파이낸셜타임스》 편집장**

경제를 움직이는 나사와 볼트 같은 요소들을 따라가는 여정이 이렇게 흥미진진할 줄 누가 알았을까? 롭 딕스는 이 복잡한 세계를 놀랍도록 매혹적인 이야기로 이끈다. 돈이라는 예상 밖으로 와일드한 세계를 질주하는 생생한 탐사이다.

에드 콘웨이,《더 타임스》칼럼니스트,《물질의 세계》저자

돈의 작동 원리와 함정을 이보다 더 명확하고 종합적으로 설명한 책은 드물다. 물가가 치솟는 시대에, 경제 활동을 하는 누구나 읽어야 할 책이다.

알렉스 브러머,《데일리메일 시티》에디터

돈만큼 삶의 질에 큰 영향을 미치는 것도 없다. 하지만 그 작동 원리를 제대로 모른다면, 얻기 어렵고 지키기는 더 어렵다. 이 책을 읽고 나면 웬만한 정책 결정권자들보다도 돈을 더 깊이 이해하게 될 것이다.

메린 서머셋 웹,《블룸버그》칼럼니스트

금융 시스템과 경제가 실제로 어떻게 작동하는지 궁금했던 모든 사람에게 유용한 책이다. 더 나은 재정 결정을 내리는 데 필요한 통찰이 가득하다.

로라 와틀리,《돈: 사용자를 위한 안내서 Money: A User's Guide》저자

존 메이너드 케인스는 한때 "인플레이션을 진정으로 이해하는 사람은 백만 명 중 한 명뿐"이라고 말했다. 이는 나머지 수백만 명에게 큰 문제이며, 결국 사회 전체를 흔드는 일이다. 이 책은 바로 그 문제를 해결하는 데 중요한 기여를 한 책이다.

_ 앤드루 크레이그, 《바이오테크 미래의 기회》 저자

매우 적절한 시점에 등장한 책이다. 롭 딕스는 역사 속에 숨겨진 복잡성과 정책의 모호함, 시장의 불합리까지 독자가 거부감 없이 받아들일 수 있도록 상쾌하고 흥미진진하며 명료하게 풀어낸다. 이 책은 살아가며 '거래하는' 모든 이에게 필독서다. 투자자로서 나 역시 이 책의 모든 페이지에서 배우고 즐겼다. 독자들도 분명 같은 경험을 하게 될 것이다.

_ 일린 버브리지, 패션 캐피털 파트너

글로벌 통화 시스템이 우리의 일상 재정을 어떻게 규정하는지 놀랍고도 흥미진진하게 보여주는 책. 정말, 정말 재미있다.

_ 클리어 배럿, 《파이낸셜타임스》 기자

지금 '돈의 규칙'을 알아야 하는 이유

세상의 여러 지식 중에서 돈보다 더 알아두면 유용한 주제가 있을까? 솔직해지자. 우리 대부분은 돈에 대한 지식이 매우 부족하다. 우리는 평생 돈을 벌기 위해 노력하지만, 그 돈이 어디서 어떻게 생겨나는지에 대해선 전혀 모른다. 그러면서도 막상 돈을 손에 쥐고 나면 그걸 어떻게 다룰지에 대해서 현명한 결정을 내리길 요구받는다. 아무도 가르쳐주지 않았는데도 말이다.

좋든 싫든 돈은 우리가 사는 세상에서 매우 큰 비중을 차지하다 보니 대부분의 사람이 돈에 대해 잘 모른다는 사실에 부끄러워하거나 스스로를 한심하다고 생각한다.

'돈을 이해한다'는 것은 최고 금리의 저축 계좌나 좋은 조건의 주택담보대출을 고르는 수준을 말하는 게 아니다. 물론 최고의 금융 상품을 고르는 능력도 삶에 유용하지만, 그런 능력은 큰 그림 속 아주 작은 일부에 불과하다. 만약 모든 저축 계좌의 돈이 인플레이션으로 인해 가치가 떨어진다면, 저축계좌의 금리가 높다 한들 무슨 의미가 있을까? 부동산시장이 곧 붕괴할 상황이라면 주택담보대출의 조건이 좋은 게 무슨 의미가 있을까? 전체 맥락을 이해하지 못한 채 신중하고 책임감 있는 결정을 내리는 것은 절벽 끝에 지은 집에 아름다운 인테리어를 하는 것과 별반 다르지 않다.

그렇다면 그런 '큰 그림'을 이해하는 게 정말 가능할까? 가능하다. 당신은 지금 일어나고 있는 일들을 더 깊이 이해할 수 있고, 그 새로운 지식을 바탕으로 앞으로 어떤 일이 일어날지 예측할 수 있다. 그리고 그 변화 과정에서 더 나은 기회를 잡을 수 있다. 이 책은 이러한 새로운 능력을 갖추는 데 필요한 모든 것을 제공할 것이다.

막막한가? 겁먹지 마라. 돈을 이해하는 것은 생각만큼 어렵지 않다. 그리고 주변의 거의 모든 사람도 당신과 마찬가지로 돈에 대한 이해가 부족하다는 것을 기억하라. 이 주제에 대해 조금만 더 관심을 갖는다면, 우리는 모두 훨씬 더 나은 삶을 살 수 있다.

그렇다면 왜 우리는 돈에 대한 지식이 부족한 걸까? 4가지 이유를 꼽을 수 있다. 이 책에서 그 이유를 해결해보고자 한다.

첫째, 돈이 정말 복잡한 주제이기 때문이다. 수많은 개념이 서로 얽혀 있어서 하나를 이해하려면, 그것과 관련된 개념이 몇 개씩 튀어나오는 식이다. 이 책은 당신이 아무것도 모른다는 전제하에 모든 개념을 처음부터 하나씩 논리적인 흐름에 따라 소개한다.

둘째, 돈 공부는 지루하다고 여겨지기 때문이다. 아마 학교에서 경제학을 배운 적이 있다면 대부분 그렇게 느꼈을 거다. 하지만 그건 경제학이 지루해서가 아니라 지루하게 가르치기 때문이다. 사실 돈이라는 주제는 무척 흥미롭다. 예를 들어 지난 100년 동안 파운드화의 가치가 99퍼센트 하락했다는 사실을 알고 있는가? 어떻게 그런 일이 일어났을까? 은행은 무無에서 돈을 창조해내는 게 허용된 기관으로 대출해줄 돈이 절대 바닥날 일이 없다는 사실을 알고 있는가? 이 책은 우리의 눈앞에서 벌어지고 있지만 아무도 알려주지 않았던 놀라운 이야기들로 가득 차 있다.

셋째, 조금 냉소적인 이유를 들자면, 기득권층에게는 우리가 돈에 대해 모르는 게 훨씬 더 유리하기 때문이다. 대중이 무지할수록 통제하고 이용하기 쉬워진다. 미국의 기업가 헨리 포드Henry Ford는 이렇게 말한 바 있다. "국민들이 은행과 통화 시스템을 이해하지 못해 천만다행이다. 만약 그들이 진실을 알게 된다면 내일 동이 트기 전에 혁명이 일어날 것이다." 물론 이 책 한 권으로 세계 곳곳의 사람들이 국회를 점거하진 않겠지만, 책을 읽는 동안 불쑥불쑥 화가 치밀어오르지 않는다면 내가 소임을 다하지 못한 셈이다.

넷째, 뛰어난 경제학자들도 대부분의 문제에 대해 서로 의견이 다르기 때문이다. 세상은 너무나 복잡해서 하나의 변수만 따로 떼어놓고 실험해볼 수 없다. 같은 경제 현상을 두고도 다섯 명의 경제학자가 서로 다른 다섯 가지 해석을 내놓을 수 있다. 이 문제는 내가 해결할 수 없지만, 적어도 이 책에 나름의 해석과 그에 따른 대응은 설명할 것이다. 그에 대한 동의 여부는 여러분의 판단에 맡기겠다.

즉 돈은 매우 복잡하고, 거의 모든 사람이 지루해하고, 의도적으로 불투명하게 만들어진 주제다. 심지어 이 분야 최고의 전문가들도 의견 일치를 보지 못한다. 그렇다면 나는 왜 돈에 관한 책을 쓰기로 결심했을까?

시작은 2008년 금융위기였다. 그 시기를 계기로 나는 경제라는 세계에 본격적으로 관심을 갖게 되었고, 이후로는 일종의 취미처럼 경제를 공부해왔다. 그러다 2020년, 코로나 팬데믹이 전 세계를 덮쳐 많은 사람이 감염재생산지수나 확진자 수 그래프를 들여다보며 전전긍긍할 때, 내 집착은 몇 단계 더 심해졌다.

지난 10년간 "마법의 돈나무magic money tree는 없다"라고 말해왔던 영국 정부가 갑자기 그 나무를 찾아낸 것처럼 구는 걸 이해할 수 없었기 때문이다. 어떻게 정부는 하루아침에 4,500억 파운드를 만들어 '묻지마 대출', 외식비 할인 지원이라는 명목으로 돈을 뿌려대는 게 가능한 걸까? 미국 정부는 한술 더 떠서 국민들에게 우편으로 수표를 나눠줬다. 도대체 어떻게 이런 일이 가능했을까? 그 결과 어떤 일이 벌어졌을까? 그리고 무엇보다도, 돈이라는 게 이렇게 하루아침에 뚝딱 만들어낼 수 있는 거라면, 우리는 왜 그렇게 열심히 일해서 돈을 벌고 세금을 내면서 살아야 하는 걸까?

나는 투자 관련 팟캐스트를 운영하고 있지만 경제학을 전공한 것도, 정부 재정에 대해 깊이 알던 사람도 아니었다. 당연히 이러한 질문에 답할 수 없었다. 하지만 나는 이해할 수 없는 일을 마주했을 때 늘 하던 방식이 있었다. 바로 지나칠 정도로 집요하게 답을 찾아나서는 것이다.

나는 돈이라는 것이 처음에 어떻게 생겨났는지를 공부했고, 영국은행Bank of England의 15년 치 회의록을 샅샅이 파헤쳤다. 파운드화의 역사부터 달러, 유로, 엔화, 위안화까지 주요 통화에 대해 연구했다. 정부는 필요한 만큼 돈을 찍어내서 모두가 원하는 것을 가지게 할 수 있다고 믿는 이들의 책도 읽었고, 그런 접근이 이미 우리를 파멸로 몰아넣고 있다고 경고하는 이들의 주장도 함께 살폈다. 수백 개의 그래프를 들여다봤고, 내가 원하는 데이터를 찾을 수 없을 땐 분석가를 고용해 그래프를 새로 만들기도 했다.

그리고 그렇게 많은 내용을 흡수한 뒤, 글을 쓰기 시작했다. 내가 이해한 내용을 정확히 정리하고, 타인에게 설명할 수 있을 정도로 체계화하는 작업이었다. 글로 써보지 않고는 내가 정말로 이해한 것인지 알 수 없었기 때문이다. 이 책은 그렇게 해서 만들어졌다.

처음엔 나 자신을 위해 책을 썼다. 그 과정에서 나는 2가지 능력을 얻게 되었다. 독자들도 이 책을 다 읽고 나면, 훨씬 적은 노력으로 그 능력을 갖게 될 것이다.

첫 번째는 경제와 돈에 관한 뉴스나 대화를 이해하는 능력이다. 금리, 환율 변동, 채권시장 같은 말이 뉴스에 나오면 외계어처럼 들린 적이 있는가? 직장에서 대화를 나누다 경제 이야기가 나오면 나만 빼고 모두 박식한 것 같아서 입을 다문 적이 있는가? 이 책의 10개 장을 읽고 나면 그것들이 모두 이해될 것이다. 그리고 하나 더, 자신 있게 경제를 말하던 사람 중 상당수가 사실은 자신이 무슨 말을 하는지 모른다는 것도 알게 될 것이다.

두 번째는 진짜 돈이 되는 능력이다. 바로 돈에 대해 훨씬 더 나은 결정을 내릴 수 있게 된다는 점이다. 이제 더 이상 재무상담사의 조언을 맹신하거나 친구의 말만 듣고 주식에 투자하는 일은 없을 것이다. 대신 오늘날 금융 세계가 어떻게 돌아가는지 이해하고, 앞으로 어떤 변화가 올지 예측할 수 있고, 결과적으로 올바른 투자 결정을 내리게 될 것이다.

이 책의 목표는 당신이 필요한 지식과 자신감을 갖고 자신만의 판단과 전략을 세울 수 있도록 돕는 것이지만, 책의 마지막 장에서는 향후 예상되는 일들과 그에 따라 내가 어떤 유형의 투자를 고려하는지 함께 공개할 것이다.

물론 거기까지 가기 위해선 먼저 알아야 할 개념들이 있다. 인플레이션, 금리, 부채, 중앙은행, GDP 같은 것들이다. 뉴스에 자주 등장하지만 막상 정의하려면 명확하게 다가오지 않는 개념들이다. 이 책에서는 그런 개념들을 단순한 정의가 아니라 맥락 속에서 이해할 수 있도록 하나씩 설명해나갈 것이다.

그리고 내가 앞으로 어떻게 투자를 해나갈지 설명하는 부분에 이르면 왜 그런 결론을 내렸는지 자연스럽게 납득하게 될 것이다. 그때쯤이면 여러분은 복잡하게 느끼던 경제가 특정 흐름을 지닌 하나의 이야기처럼 보이기 시작할 것이다.

악명 높았던 2008년의 금융위기와 이 책을 쓰게 된 계기인 2020년의 사건들에 대해서도 다룰 것이다. 그리고 1971년으로 돌아가 우리가 사는 금융 세계를 완전히 딴판으로 바꿔버린 사건도 파헤쳐볼 것이다. 하지만 그 전에 훨씬 더 과거로 돌아가 가장 논리적인 출발점인 돈의 탄생부터 살펴보기로 하자.

차 례

CHAPTER 1

통장에 찍힌 돈은 진짜 '돈'인가
세상 모든 부를 움직이는 돈의 정의

CHAPTER 2

나도 모르는 새, 돈은 어디로 사라지는가
구매력이 급락하는 진짜 이유

'공짜 돈'의 시대는 끝났다
돈의 가격에 적응하고 위기를 기회로 바꾸는 법

돈의 흐름을 읽는 자가 기회를 잡는다
불확실성 속에서 자산을 지키고 불리는 전략

통장에 찍힌 돈은 진짜 '돈'인가

세상 모든 부를 움직이는 돈의 정의

"돈은 금이나
종잇조각이 아니라,
신뢰 위에 세워진
교환의 약속이다."

원시시대 한 작은 마을에 살고 있다고 상상해보자. 이 시기는 중앙은행이나 부채담보부증권CDO 혹은 애플페이가 등장하기 훨씬 이전이다. 텃밭에서 당근을 재배해 이웃에게 팔고, 그 대가로 동전 두 개를 받은 뒤 다른 이웃에게 동전 한 개를 주고 머리카락을 잘랐다고 하자. 이 시나리오에서 동전, 즉 '돈'은 3가지 중요한 기능을 동시에 수행하고 있다.

1. 돈은 일반적인 지급 수단으로 받아들여지고 있으며, 이를 경제학 용어로는 '교환의 매개체'라 한다. 당근을 산 이웃, 머리카락을 잘라준 이웃, 그리고 당신 모두 동전으로 값을 치르는 데 동의하기 때문에 서로 간에 거래할 수 있다. 사람들이 원하는 모든 거래 사이에 동전 혹은 돈의 기능을 하는 다른 물건이 없다면, 당신은 물물교환에 의존할 수밖에 없을 것이다. 즉 가위질에 능숙하면서도 점심으로 당근 수프를 먹고 싶은 사람을 찾아야만 머리카락을 자를 수 있을 것이다.

2. 돈은 어떤 것의 가치가 얼마나 되는지 측정하는 수단이며, 이를 전문용어로 '가치 척도'라고 한다. 모든 것의 '가격'을 동전 개수로 표시함으로써, 재화와 서비스의 가치를 쉽게 비교할 수 있다. 만약 동전이 없다면 '당근 대 머리카락 자르기', '머리카락 자르기 대 닭고기' 등 가능한 모든 조합에 대해 별도의 교환 비율이 필요했을 것이다.

3. 돈은 '가치 저장 수단'이며, 대부분의 경제학 용어와 달리 이는 문자 그대로의 의미를 지닌다. 당신은 당근을 팔아 두 개의 동전을 얻었지만, 그중 하나만 사용했다. 나머지 동전을 쓰지 않고 보유함으로써, 사실상 당근을 재배해 획득한 가치의 일부를 저장했다가 나중에 원하는 무언가로 교환할 수 있다.

돈이란 바로 이런 것이다. 돈은 재화와 서비스에 대한 대가를 지급하기 위해 사용하는 수단으로, 지폐와 동전 같은 물리적 형태를 띤다. 오늘날에는 디지털 형태의 돈도 점점 더 많이 사용되고 있다. 이러한 것들을 '화폐 시스템' 혹은 '통화'라고 부른다. 이 책의 목적상 '돈'과 '통화'의 차이는 별로 중요하지 않으므로 이후에도 두 단어를 혼용해 사용했다.

중앙집권기관이 각 통화의 명칭과 지폐 및 동전의 액면가를 결정하지만, 사실은 그런 일을 반드시 그런 기관이 해야 한다는 뜻은 아니다. 대다수가 자발적으로 사용해 서로 거래한다면 그게 뭐든 통화로서 '작동하는' 데 필요한 모든 요건을 갖춘 셈이다.

이러한 거래, 즉 사람들, 회사, 조직 간에 발생하는 재화와 서비스의 교환을 '경제'라고 부른다. 우리는 '돈' 자체에 집착하지만, 사실 돈은 본질이 아니다. 돈은 단지 이러한 가치 교환을 더 원활하게 하는 도구일 뿐이다.

무엇이든
돈이 될 수 있는가

지금까지 살펴본 것처럼 돈 자체에 어떤 마법 같은 힘이 있는 것은 아니다. 원칙적으로 사람들 사이에 충분한 합의만 있다면 무엇이든 돈으로 사용할 수 있다. 하지만 실제로는 특정 형태의 돈이 다른 것들보다 더 잘 작동한다.

금金을 예로 들어보자. 금은 수천 년 동안 돈의 한 형태로 사용되어왔다. 그런데 왜 애초에 금이 돈으로 사용되기 시작했을까? 그것은 우연이 아니었다. 단순히 금이 예쁘고 반짝이기 때문도 아니다. 금이 돈의 역할에 자연스럽게 부합하는 다음의 6가지 특성을 지니고 있기 때문이다.

1. 금화의 순도는 비교적 쉽게 확인할 수 있어서 단위별 가치가 동일하다는 것이 보장된다. 이런 특성은 거래를 더 쉽게 만든다. 어떤 금화를 받든 상관이 없어지기 때문이다. 이처럼 어떤 단위

든 다른 단위로 교환할 수 있는 이러한 특성을 '대체 가능성'이

라고 한다.

2. 금은 다른 원소와 잘 반응하지 않기 때문에 '내구성'이 매우 높다. 반면 은銀은 공기 중에 노출되면 쉽게 변색된다. 따라서 금은 사실상 영구적으로 보관 가능하다.

3. 금은 녹여서 다양한 크기로 '분할'할 수 있다. 이는 모든 규모의 거래에 금을 사용할 수 있다는 것을 의미한다.

4. 금은 동전처럼 '휴대'가 용이한 형태로 만들 수 있다. 또한 상대적으로 희소하기 때문에 동전이 너무 크거나 작지 않더라도 일상적인 거래에서 실질적인 가치를 나타낼 수 있다.

5. 금은 공식적인 기준을 충족한다는 것을 보여주는 표식을 쉽게 새겨 넣을 수 있기 때문에 '식별'이 용이하다.

6. 금은 '희소'하다. 땅에서 캐낼 수 있는 양이 한정되어 있을 뿐 아니라, 채굴이 점점 더 어려워지고 있다.

고대 인류에게 찬사를 보내자. 그들은 지구상의 모든 천연자원 중에서 돈의 기능을 수행하는 데 가장 적합한 대상을 선택했다.

위에서 열거한 모든 요소가 중요하지만, 희소성은 특히 절대적인 결정 요인이다. 희소성이 없다면 나머지 요소는 무의미해진다. 돈의 목적을 기억하라. 돈의 목적은 각자의 시간과 노력을 들여 만든 가치 있는 무언가를 서로 교환할 수 있게 해주는 도구다. 하지만 이 시스템이 작동하려면 돈 자체가 희소성이 있어야 한다.

나뭇잎을 화폐로 쓰는 세상을 상상해보자. 당신이 하루 종일 열심히 일했는데, 사장이 길가의 나뭇잎을 긁어모아 급여로 준다면 어떻겠는가? 사장은 그 나뭇잎을 모으는 데 전혀 시간이나 노력을 들이지 않았으므로, 당신은 당연히 사기를 당했다고 느낄 것이다. 오늘날 우리가 사용하는 돈은 충분히 희소할까? 이 질문은 이 책 전반에 걸쳐 다룰 중요한 주제다.

흥미롭게도, 물리적 형태가 없는 화폐도 '우수한 화폐'의 모든 특성을 갖출 수 있다. 비트코인을 생각해보자. 그것은 볼 수도, 만질 수도 없으며, 신뢰할 수 있는 중앙은행이 아니라 인터넷 포털의 알 수 없는 개인 혹은 그룹이 발명했다. 그러나 불과 14년 만에 약 1억 1,400만 명이 사용하고 있으며,[1] 두 나라에서는 법정화폐로 채택되었다(엘살바도르와 중앙아프리카 공화국-옮긴이)[2].

비트코인이 인기를 얻은 이유는 무엇일까? 앞에서 말한 '우수한 화폐'의 조건을 모두 충족하기 때문이다. 특히 희소성이 뛰어나다. 비트코인은 새로운 코인이 너무 빠르게 만들어지지 않도록 설계되었고, 총 발행량도 2,100만 개로 한정되어 있다. 이 한도는 2140년경이면 모두 채워질 예정이며, 그 이후에는 단 한 개의 코인도 추가로 만들어질 수 없다. 중요한 점은 비트코인의 생성 속도와 총량은 아무도 변경할 수 없다는 사실이다. 눈으로 볼 수 있어도 무한정 존재하는 나뭇잎과, 볼 수 없지만 발행량이 철저히 통제된 비트코인 중에서 어떤 걸로 급여를 받고 싶은지는 자명하다.

비트코인 사례는 당신이 이미 눈치챘을지도 모를 사실을 증명해준다. 돈은 만질 수도, 볼 수도 없는 것일 수 있다. 하지만 이것은 중요하지 않다. 돈의 실제 목적은 다른 그 무엇과 교환하는 것이기 때문이다. 지금 혹은 미래에 삶의 질을 높여줄 재화와 서비스를 교환하기 위해 우리는 돈을 원한다.

다시 말해 돈이란 전적으로 사회적 현상이다. 만약 제프 베이조스Jeff Bezos가 핵전쟁을 피하기 위해 비밀 섬에 있는 벙커에 숨어 있다가 1년 후 지구상의 유일한 생존자가 되어 나온다면, 그가 가진 수십억 달러는 아무런 가치가 없다. 거래할 대상이 없다면 돈은 무용지물이다. 그러다 그가 어느 날 태평양 어딘가에서 살아남은 원시 부족을 만났다고 해보자. 그 부족은 가장 예쁜 조개껍데기를 화폐로 사용하고 있다. 그런 사람들에게 제프 베이조스가 100달러짜리 지폐 뭉치를 내보여봐야 별 소용이 없을 것이다.

그러나 돈이 인위적으로 만들어진 사회적 구성물일지라도 그 영향력은 절대적이다. 효과적이고 널리 통용되는 화폐 시스템이 존재하면 사회 구성원들이 서로를 깊이 신뢰하지 않아도 각자의 노력과 기술을 교환할 수 있다. 심지어 서로 알 필요조차 없다. 단지 화폐 시스템 자체만 신뢰하면 거래가 이뤄진다. 그리고 거래하는 집단의 규모가 클수록, 사람들이 자신의 필요를 충족시키기가 더욱 쉬워진다.

쉽게 풀어내려고 노력하겠지만, 이 책은 복잡한 부분이 분명히 있다. 하지만 돈이 존재하는 궁극적인 목적을 염두에 둔다면 중심을 잡을 수 있을 것이다.

국가 통화의
신뢰는 어디에서 오는가

금이나 비트코인이 우수한 돈의 형태라면, 왜 우리는 오늘날 대부분의 거래에 파운드화나 달러 같은 국가 통화를 사용하고 있을까? 2가지 주요 이유가 있다.

1. 국가 통화는 오랫동안 일상에서 널리 사용해왔기 때문이다. 즉 많은 사람에게 친숙함, 신뢰, 수용성을 확보하고 있다. 당신이 미용사, 건축업자 혹은 직장 상사와 어떤 형태의 돈으로 거래하든 막을 사람은 없다(모두가 자국 통화로 세금을 납부하기만 한다면 말이다). 하지만 모든 사람이 신뢰하는 통화를 그대로 쓰는 것이 훨씬 더 편리하다.

2. 정부는 세금을 자국 통화로만 받는다. 모든 국민은 세금을 내야 하고, 세금은 오직 특정 통화로만 납부할 수 있기 때문에 누구나 그 통화를 필요로 한다. 이는 정부에게 돈에 대한 통제권을 안겨주고, 돈에 대한 통제는 전반적인 통제와 권력으로 이어진다.

이 2가지 이유에 많은 사람이 놀랄 것이다. 국가의 공식 통화에 가치를 부여하는 요인이 습관과 강제력뿐이라니, 그 이상의 무언가가 더 있어야 하지 않을까? 하지만… 사실 그게 거의 전부다.

다음 몇 장에서는 당신이 매일 사용하는 통화에 관한 몇 가지 충격적인 사실을 다룰 것이다. 이를 통해 당신은 지갑 안의 돈을 바라보는 시선이 완전히 달라질 것이다.

이제 우리는 돈이 무엇이며, 어떤 목적이 있는지 알게 되었다. 그렇다면 이제는 현대 통화, 즉 우리가 실제로 사용하는 돈이 어떻게 작동하는지를 더 깊이 들여다볼 차례다. 미리 알려두자면 읽어가는 과정이 마냥 즐겁지는 않을 것이다.

돈은 무엇일까?

금일 수도, 조개껍데기일 수도,

혹은 통장 속 숫자에 불과할 수도 있다.

돈의 본질은 재화와 서비스를 교환하게 하는

'사회적 약속'이다.

이 약속이 기능하기 위한 절대 조건은 2가지다.

많은 사람의 신뢰, 그리고 희소성.

이제 당신 지갑 속 돈을 다시 보라.

이 돈은 정말로 희소한가?

아니면 정부의 강제력에 기대어

가치를 인정받은 것뿐인가?

나도 모르는 새, 돈은 어디로 사라지는가

구매력이 급락하는 진짜 이유

"물가가 오르는 게 아니다.
당신의 돈이
작아지고 있다."

나에게는 전혀 검증되지 않은 이론이 하나 있다. 사람들이 서른 살 즈음에 경험하는 물가 수준이 그들에게는 '적정하고 자연스러운 가격'으로 각인된다는 것이다. 그 시점 이후의 가격 변동은 전부 비정상적인 일처럼 느껴진다. 예를 들어 나는 런던에서 맥주 한잔 가격이 5파운드를 넘는 현실을 여전히 받아들이기 힘들다. 또한 1970년에 방 3개짜리 주택을 1만 9,000파운드에 구입했던 노인들은 현재의 부동산 시세가 훨씬 높다는 점을 근거로 조만간 주택 가격이 폭락할 거라고 믿는다.

이런 가설만 보면 우리가 과거에 갇혀 사는 어리석은 사람처럼 보일 수 있지만 어쩌면 일리 있는 말일지도 모른다. 생각해보자. 맥주부터 부동산까지, 왜 세상에 있는 거의 모든 것은 시간이 갈수록 가격이 오를까? 그렇게 계속 비싸져야만 하는 납득할 만한 이유가 과연 있는가?

이 장에서 그 이유를 밝혀볼 것이다. 이를 위해 우리는 지갑 속에 있는 돈을 더 자세히 들여다보며 현행 화폐 시스템이 앞서 살펴본

3가지 역할을 얼마나 잘 수행하고 있는지 평가해볼 것이다. 그 역할은 다음과 같다.

1. 교환의 매개체: 재화와 서비스에 대한 지급 수단으로 받아들여진다.

2. 가치 척도: 재화와 서비스의 가격을 매기는 기준이 된다.

3. 가치 저장 수단: 생산한 것을 즉시 소비하지 않고 나중에 필요할 때 사용할 수 있도록 화폐의 형태로 보관할 수 있다.

당신의 돈은
거래 수단으로 받아들여지는가

이 질문은 간단하다. 파운드화를 예로 들어보자. 수백만 명이 매년 수십억 건의 거래에 파운드화를 사용하고 있다. 다른 주요 통화들도 마찬가지다. 즉 교환의 매개체로 훌륭하게 작동하고 있다고 평가할 수 있다. 이제 다음 주제로 넘어가보자.

당신의 돈은
가격 표시 수단으로 적절한가

어떤 통화가 효과적인 가치 척도가 되려면, 그 통화 자체의 가치가 합리적으로 일관되게 유지되어야 한다. 이런 일관성이 얼마나 중요한지는 그것이 무너졌던 상황을 살펴보면 쉽게 이해할 수 있다. 예를 들어 1923년 독일에서는 상품의 가격을 측정하는 통화인 라이히스마르크^{Reichsmark}(1924년부터 1948년까지 쓰였던 독일의 통화-옮긴이)의 가치가 급속히 하락했다.[1] 하락세가 극심해서 노동자들은 하루에 두 번 임금을 받아야 했다. 그렇지 않았더라면 돈을 벌 때와 쓸 때 사이에 화폐 가치가 너무 많이 달라졌을 것이다. 한편 슈퍼마켓들은 매시간 가격을 갱신해야 했다. 이는 결코 정상적인 상황이 아니었다. 결국 많은 독일인은 라이히스마르크를 화폐로 사용하기를 포기하고 물물교환 방식으로 필요한 것을 조달하기 시작했다.

현재 주요 통화 중 이런 문제를 겪고 있는 경우는 없으며, 대부분 역사적으로도 그런 적은 없었다. 따라서 가격을 매기는 수단으로서 통하는 여전히 높은 평가를 받을 만하다. 다만 모든 통화는 가치가 매일 조금씩 변한다는 점을 알아둘 필요가 있다. 변동환율제의 적용을 받는 통화는 다른 모든 통화에 대한 상대적 가치가 항상 변한다. '파운드가 달러 대비 강세를 보인다'(즉 1파운드로 더 많은 달러를 살 수 있다) 또는 '달러가 유로 대비 약세를 보인다'(1달러로 살 수 있는 유로가 줄어들었다) 등의 뉴스를 자주 듣게 되는 것도 바로 변동환율제 때문이다.

만약 모든 수입과 지출이 하나의 통화로 이루어진다면, 이런 변동을 거의 느끼지 못할 것이다. 가령 느낀다고 해도 해외 휴가지에서 약간의 놀라움을 경험하는 정도다. 이를 테면 스페인 맥주 값이 파운드화로 환산했을 때 지난번보다 싸거나 비싸진 탓에 기분이 조금 좋거나 나쁜 정도의 수준에 불과하다. 하지만 해외 주택을 구매하는 것처럼 더 큰 거래에서는 상황이 달라진다. 영국인이 스페인에서 부동산 매물을 둘러보고 구매를 위한 법적 절차를 완료하는 사이에 환율이 변동하면 수천 파운드를 더 지급하게 될 수 있다.

또한 해외 거래가 많은 기업에도 영향을 미치는데, 특히 대기업들은 환율 변동이 자신들에게 불리하게 작용하지 않도록 '헤지 hedge'를 통해 위험을 관리한다.

다시 스페인 여행 이야기로 돌아가보자. 지난주에 1파운드를 1.16유로로 환전했는데 오늘은 1.20유로라면, 무슨 일이 벌어진 것일까? 파운드 가치가 올라간 것일까, 아니면 유로 가치가 떨어진 것일까? 지난주 동안 각 통화가 다른 통화들에 비해 어떻게 변화했는지 살펴보면 알 수 있을 것이다. 그런데 여기서 중요한 것은 어느 통화도 고정된 가치를 지니고 있지 않다는 점이다.

이러한 환율 변동은 약간 불편할 수 있지만 그리 큰 문제는 아니다. 1923년의 독일 라이히스마르크와 달리, 오늘날의 주요 통화는 충분히 안정적이어서 자국 내 물가 측정에 문제 없이 사용할 수 있으며, 국제적으로도 일 단위 또는 월 단위로 발생하는 변동폭이 크지 않아 관리 가능한 수준이다.

이러한 관리 가능한 환율 변동이 우리 대부분에게 큰 문제가 되지 않는다면 이렇게 자세히 살펴볼 필요가 있을까? 그 이유는 오늘날의 통화가 완전히 고정된 가치를 지닌다는 환상을 깨는 것이 중요하기 때문이다. 가치가 고정되어 있지 않다는 사실을 확인했으니, 이제 통화의 가치가 장기간에 걸쳐 어떻게 변할 수 있는지 살펴보자. 이는 훨씬 더 심각한 문제가 될 수 있다.

당신의 돈은
가치 저장 수단으로 효과적인가

방금 보았듯 통화의 단기적인 변동은 너무 미미해서 통화가 완벽히 안정적이라고 착각하기 쉽다. 따라서 장기적으로 물가가 오르면 우리는 흔히 그것이 개별 상품의 특성 때문이라고 생각한다.

만약 당신의 부모님이 1975년에 집을 2만 파운드에 샀고, 벽지 하나 바꾸지 않았는데 지금은 25만 파운드의 가치가 있다고 해보자. 인구가 증가했으니 집값도 오를 수밖에 없었던 걸까? 어린 시절 5펜스였던 우유 한 팩이 오늘날 55펜스가 되었다면? 식료품값이 전반적으로 오른 것일까, 아니면 젖소들이 노동조합이라도 결성한 걸까?

이제 당신은 돈의 가치가 고정되어 있지 않다는 것을 알고 있으니, 다른 가능성도 떠올릴 수 있다. 어쩌면 가격이 변한 것이 아니라, 통화 가치가 떨어진 것일 수 있다. 집이나 우유의 실제 가치가 시간이 지남에 따라 변하지 않는다고 말하는 게 아니다. 내가 주장하려는 바는, 장기간에 걸쳐 통화 가치는 대폭 하락하는 경향이 있고, 이는 통화를 형편없는 가치 저장 수단으로 만들며, 결과적으로 당신의 자산에 심각한 악영향을 미친다는 것이다.

물론 이런 주장은 받아들이기 쉽지 않다. '고정된 통화'라는 환상을 깨는 건 쉽지 않기 때문이다. 그래서 나는 2가지 관점에서 접근해보려고 한다.

첫째, '무엇으로 측정하느냐'가 중요하다는 점을 보여줄 것이다. 둘째, 특정 통화로 측정해보면 장기간에 걸쳐 거의 모든 것이 비싸졌다는 사실을 보여줄 것이다. 이는 물건들의 가치가 변한 것이 아니라, 그 물건을 사는 돈 자체에 뭔가 이상한 일이 일어나고 있다는 점을 시사한다.

우선 통화를 금으로 대체해 금을 기준으로 집과 우유의 가격을 매기면 어떻게 되는지 살펴보자. 왜 금일까? 금은 역사적으로 오랫동안 교환의 매개체로 사용되었다. 따라서 오늘날에도 가격을 매기는 기준으로 금을 사용한다면 세상이 어떻게 보일지 살펴보는 것은 가치가 있다. 오른쪽 〈그림 1〉은 영국 주택 가격의 연도별 변화를 파운드화와 금 가격으로 비교한 것이다.

실선은 영국의 주택금융조합 네이션와이드 빌딩 소사이어티 Nationwide Building Society에서 집계한 영국 평균 주택 가격을 파운드화

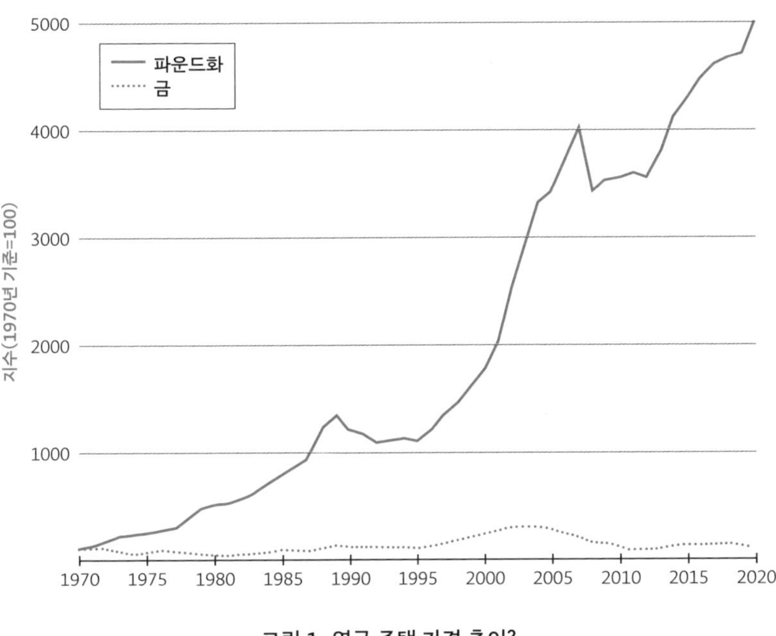

그림 1. 영국 주택 가격 추이[2]

로 표시한 것이다. 도표의 수치는 실제 가격이 아니라 지수를 사용한다. 지수란 특정 시점(여기서는 1970년)의 가격을 100으로 설정하고 이후의 가격 변화를 모두 100을 기준으로 표시하는 방식이다. 예를 들어 첫해 가격이 5만 파운드이고 그 지수를 100으로 설정했다면, 가격이 5만 5,000파운드(10퍼센트 증가)로 오를 경우 지수는 110이 된다. 지수를 사용하면 동일한 출발점을 기준 삼아 변화의 추이를 한눈에 파악할 수 있다.

실선을 보면 1970년을 기준으로 2020년에는 5,000을 살짝 넘어섰다. 즉 파운드화로 측정한 주택 가격이 50배 상승했다는 뜻이다. 어마어마한 수치다.

점선은 정확히 같은 자산, 즉 네이션와이드가 조사한 영국 주택한 채의 평균 가격을 금으로 환산한 것이다. '이 집을 사려면 몇 파운드가 필요한가?'가 아니라 '이 집을 사려면 몇 온스의 금이 필요한가?'라고 물은 셈이다.

점선은 놀라운 결과를 보여준다. 1970년 100으로 시작해서 2020년에 102로 끝난다. 금으로 측정했을 때 집값은 50년 전과 거의 같다는 의미다. 좀 더 명확히 말하자면, 1970년에 어느 정도의 금을 금고에 넣어두고 50년 뒤 꺼낸다면 그 금으로 50년 전 구매할 수 있었던 집을 지금도 똑같이 구매할 수 있다는 의미다.

그러니 누군가 "요즘 집값이 예전보다 훨씬 비싸졌어"라고 말할 때, (친구를 잃을 각오로 똑똑한 척을 하고 싶다면) 이렇게 되물을 수 있을 것이다. "무엇을 기준으로 측정한 거야?" 분명 파운드화로는 집값이 크게 올랐지만, 금을 기준으로 보면 그렇지 않다.

시간을 더 거슬러 올라가보자. 이번엔 미국의 달러와 미국의 주택 가격 데이터를 사용해보자. 이를 통해 파운드화의 가치만 하락한 게 아니라는 사실을 확인할 수 있다. 〈그림 2〉는 〈그림 1〉과 마찬가지로 100으로 지수화되어 있으며(이번에는 1900년부터), 여기서도 유사한 패턴을 볼 수 있다.

〈그림 2〉에서 보다시피, 미국 주택의 중위값은 1970년까지 달러로 보든 금으로 보든 거의 동일한 수준이었다. 하지만 그 이후부터

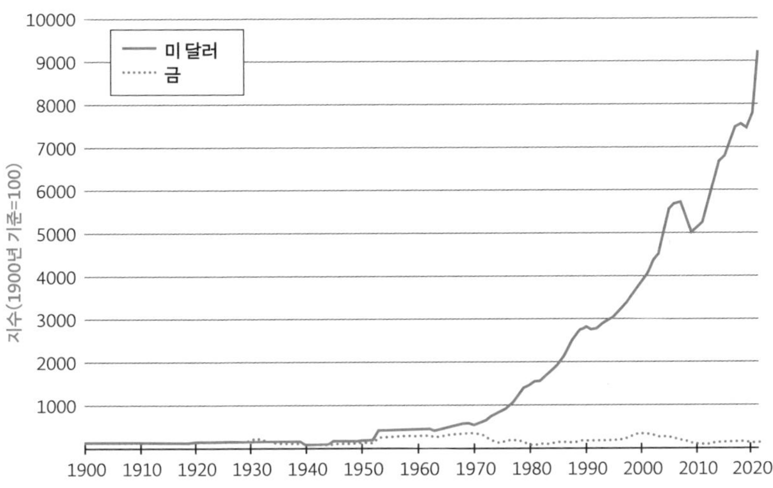

그림 2. 미국 주택의 중위값 추이[3]

두 가격은 갈라지기 시작한다. 달러로는 가격이 거의 100배 가까이 올랐지만, 금으로는 현재까지 거의 변화가 없다. 믿기 어려울 정도지만, 지금 당신이 중위값에 해당하는 미국 주택을 구입하는 데드는 금의 양은 120년 전과 거의 동일하다. 1970년대 초반부터 달러 기준 가격이 폭발적으로 상승하는데, 여기에는 이유가 있다. 이에 대해서는 나중에 다루겠다.

가격을 파운드나 달러로 측정하느냐, 금으로 측정하느냐에 따라 차이가 나타나는 것은 주택만이 아니다. 앞서 말한 대로 과거 5펜스였던 우유 한 팩의 가격이 지금은 55펜스다. 5분 전만 해도 여러분은 식료품이 비싸져서 그렇다고 생각했을 것이다. 파운드화를 기

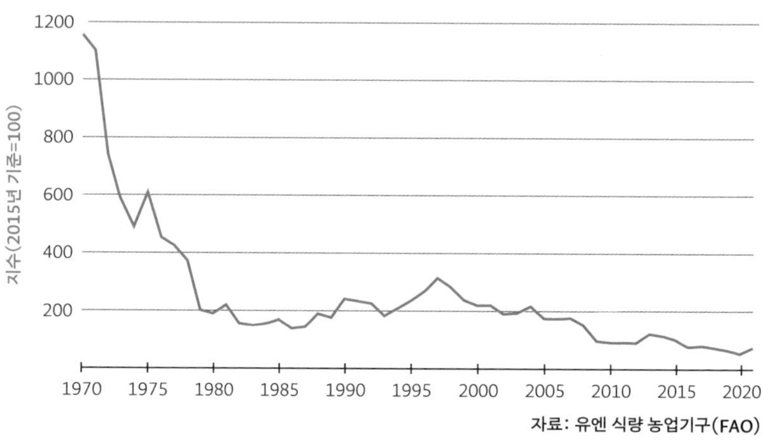

그림 3. 금으로 환산한 식품 가격 지수4

준으로 삼으면 그렇다. 그런데 금을 기준으로 식료품 가격 지수를 살펴보면 어떻게 될까?

위의 〈그림 3〉을 보면, 금을 기준으로 측정했을 때 식료품 가격은 오르기는커녕 급격히 하락했다. 1960년에 간단한 간식을 살 수 있었던 양의 금으로 오늘날에는 호화로운 식사를 즐길 수 있다(반면 파운드나 달러를 보유하고 있었다면 배를 곯고 있을 것이다). 여기에서도 역시 1970년에 통화의 가치가 급격히 떨어지기 시작한다. 왜 그런지는 나중에 알아보겠다.

여기서 파운드와 달러를 예를 든 이유가 있다. 둘 다 주요 통화이고, 100년 이상 기록이 남아 있기 때문이다. 하지만 거의 모든 통화에서 동일한 패턴이 확인된다. 즉 당신이 자산을 금으로 저장했다면 훨씬 더 풍족해졌을 것이다.

이제 앞서 살펴보기로 약속한 두 번째 관점으로 넘어가보겠다. 장기간에 걸쳐 당신의 돈으로 살 수 있는 것들이 평균적으로 얼마나 줄어들었는지 확인해보겠다. 주택과 우유뿐만 아니라 모든 것이 그렇다.

이 작업은 '구매력'을 살펴보면 된다. 구매력은 말 그대로 특정 시점에 파운드화로 얼마나 많은 것을 교환할 수 있는지 측정하는 척도다. 물론 아주 오래전의 물가 데이터는 완벽하지 않다. 그 시기의 자료라고 해봤자 몇몇 지역 시장의 상품 가격이 기록된 문서 몇 개뿐이다. 게다가 1700년대에는 휴대폰, 요가 매트, 나이키 운동화 같은 상품이 없었기 때문에 직접적으로 지금과 가격을 비교하기는 어렵다. 이런 한계를 극복하기 위해 '종합물가지수'를 이용해 구매력을 살펴보겠다. 종합물가지수는 다양한 자료를 조합해 최대한 폭넓고 일관된 그림을 보여주는 지표다.

짚고 넘어갈 것이 있는데, 구매력 평가에는 주택 같은 투자 자산의 가치는 포함되지 않는다. 여기서 우리가 살펴보려는 것은 순전히 일상적인 소비를 목적으로 한 재화와 서비스 측면에서, 돈으로 무엇을 살 수 있는가 하는 점이다.

이 예시에서는 파운드화를 사용한다. 오랜 기간에 걸친 비교적 신뢰할 수 있는 데이터가 남아 있기 때문이다. 먼저 1837년(빅토리아 여왕 즉위 연도)의 100파운드 구매력과 현재 100파운드로 살 수 있는 것을 비교해보겠다. 만약 오늘날 100파운드로 당시와 동일한

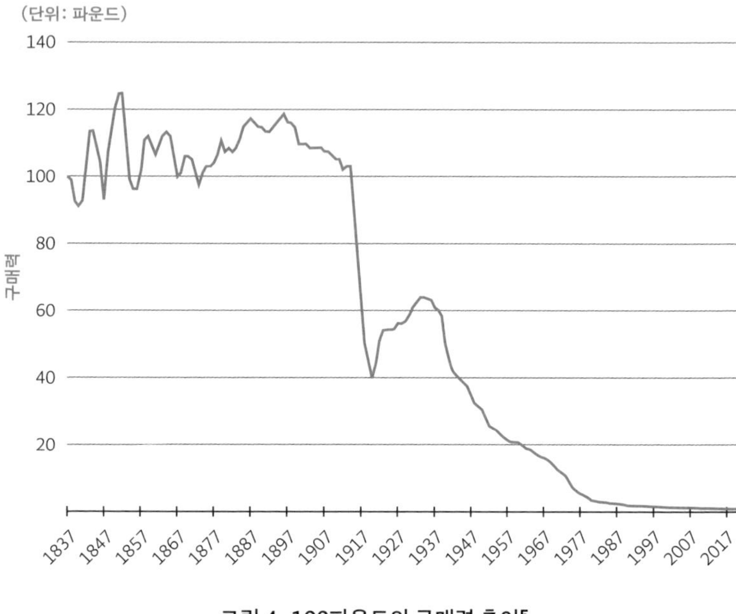

그림 4. 100파운드의 구매력 추이[5]

양의 상품을 구매할 수 있다면, 돈은 훌륭한 가치 저장 수단이라고 할 수 있을 것이다. 다시 말해 1837년의 100파운드의 구매력이 지금도 여전히 유지된다는 뜻이다. 그러나 〈그림 4〉에서 볼 수 있듯 상황은 그렇지 않다.

1837년 당시 사람에게 100파운드는 100파운드어치의 물건을 사기에 충분했을 것이다. 그리고 〈그림 4〉에서 볼 수 있듯 1914년에도 100파운드는 1837년과 동일한 구매력을 지니고 있었다. 즉 두 세대 전 사람과 같은 양의 물건을 살 수 있었다는 뜻이다.

그러나 1914년에 지갑에 100파운드를 넣어두고 전쟁터에 나가 있던 사람이 6년 뒤 돌아왔다면 어떻게 될까? 1920년에는 그 100파운드로 1914년 기준 40파운드어치만 살 수 있게 되었다. 구매력이 엄청나게 하락한 것이다. 〈그림 4〉에서 볼 수 있듯 1920년 이후 구매력이 다소 회복세를 보이다가 1939년에 다시 급격하게 떨어져 회복되지 않았다.

더 긴 기간도 생각해보자. 만약 1837년에 살던 조상이 2022년에 열어보는 조건으로 먼 후손에게 유산을 남겼다고 해보자. 그 조상은 1837년 기준으로 100파운드어치의 물건을 살 수 있는 금액을 남겼다. 당시에는 매우 넉넉한 금액이라고 생각했을 것이다. 2022년 그 봉투를 연 후손은 겨우 87펜스어치의 물건을 구매할 수 있을 것이다. 그렇다. 고작 87펜스다.

내 돈의
실질 가치 변화 성적표

종합해보면 현대 통화(여기서는 파운드와 달러를 예로 들었음)는 3가지 기준 중 2가지에서는 훌륭한 성과를 내고 있지만, 나머지 하나에서는 형편없는 결과를 보여준다.

- 교환의 매개체로서 훌륭하다. 널리 통용되며 대부분의 사람이

그것을 기꺼이 지급 수단으로 사용한다.

- 가치 척도로서도 잘 작동한다. 모든 재화와 서비스의 가격을 주요 통화로 환산함으로써 상상할 수 없을 만큼 많은 양의 상품을 거의 마찰 없이 거래할 수 있게 해준다. 가격을 표시하는 훌륭한 수단이다.

이처럼 현대 통화는 이 기능을 매우 성공적으로 수행하고 있으며 상당히 안정적이다. 그러다 보니 통화 가치가 실제로 고정된 것이 아니라는 사실을 스스로 납득하려면 꽤나 의식적인 노력이 필요할 정도다.

- 그러나 가치 저장 수단으로서는 형편없다. 파운드화만 봐도 알 수 있다. 불과 몇 세대 만에 구매력이 99퍼센트 이상 하락했고, 그중 절반 가까이는 최근 20여 년 사이에 사라졌다.

이 문제는 비현실적으로 긴 시간에서만 중요한 게 아니다. 2000년 밀레니엄 파티 후 코트 주머니에 넣어둔 지갑을 오늘 옷장을 정리하다가 발견했다고 상상해보자. 그 지갑에 100달러짜리 지폐가 들어 있었다면, 지금 그 돈으로 살 수 있는 것은 당시의 58퍼센트에 불과하다. 즉 42퍼센트의 구매력을 잃은 셈이다.[6] 그 돈이 100파운드였다면 구매력이 50퍼센트 하락했을 것이고, 100유로였다면 36퍼센트 하락했을 것이다. 호주 달러나 캐나다 달러도 크게 다르지 않다. 잠시 생각해보자. 세계 주요 통화의 구매력이 20년 사이 부지불식간에 절반이나 하락했다는 사실은 얼마나 어처구니없는 일인가.

그렇다면 이게 실제로 얼마나 큰 문제일까? 지금까지 지갑에 남아 있는 현금을 예로 들었지만, 대개는 이자를 받을 수 있는 은행에 돈을 넣어둘 것이다. 오해하지 말자. 어떤 통화든 시간이 지남에 따라 살 수 있는 물건이 줄었다면 구매력이 하락한 것이다. 다만 은행에 돈을 넣고 이자를 받을 수 있다면 구매력 하락을 벌충할 수 있어서 손해가 덜할 것이다.

예를 들어 1990년 은행에 100파운드를 예치하고, 2000년 이자를 포함해 135파운드를 인출했다고 하자. 이 금액으로 예금 당시와 동일한 양의 물건을 살 수 있다면, 구매력 손실을 이자로 메운 셈이다. 심지어 이자 수익의 상승 속도가 구매력 하락 속도보다 빨랐다면 더 많은 양의 물건을 살 수 있었을지도 모른다.

금융 역사에서는 대체로 이런 상황이 일반적이었다. 그러나 구매력이 너무 빠르게 하락해 은행 이자로는 그 손실을 메울 수 없는 시기도 있다. 우리가 살고 있는 지금이 바로 그런 시기다. 2009년부터 현재까지, 구매력 하락을 만회할 만큼 은행에서 충분한 이자를 받는 일은 불가능하다. 즉 자산 가치를 현상 유지라도 하려면 더 위험한 투자를 감행해야 한다는 뜻이다. 돈의 가치 저장 기능이 무력해진 탓에 적어도 지난 14년 동안 과거보다 훨씬 더 큰 피해를 당해왔던 셈이다.

그렇다면 구매력이 이렇게 빠르게 하락한 이유는 무엇일까? 왜 역사적으로 어떤 시기에는 그 속도가 더 빨라지는 걸까? 이런 현상을 막기 위해 노력하는 사람이 있을까?

이 질문들에 답하려면 세계 경제를 구성하는 가장 중요한 요인 중 하나이자 우리 모두의 삶에 영향을 미치는 요인에 주목해야 한다.

당신 지갑 속의 100달러는

10년 뒤에도 똑같을까?

숫자는 같아도 살 수 있는 것은 줄어든다.

바로 인플레이션이라는 보이지 않는 도둑 때문이다.

인플레이션으로 인해

당신이 잠든 사이에도

현금의 구매력은 점차 녹아내린다.

그렇다면 생각해보라.

당신의 자산은

인플레이션보다 더 빨리 달리고 있는가?

열심히 버는데도 가난해지는 이유

인플레이션의 진짜 배후는 누구인가

"인플레이션은
눈에 보이지 않게
부를 재편하는 보이지 않는
세금이다."

재미있는 이야기에는 악당이 빠지지 않는 법이다. 이 장에서는 악당이 등장한다. 당신의 구매력을 떨어뜨리는 악당의 이름은 바로 인플레이션이다.

인플레이션이 유난히 높은 수준을 보이는 게 아니라면 우리는 인플레이션을 그다지 신경 쓰지 않는다. 신경을 쓴다 해도 그저 금융 생활의 한 부분쯤으로 당연하게 받아들인다. 하지만 인플레이션은 별다른 작용을 하지 않는 것처럼 보이는 시기에도 어떤 사람을 가난하게, 어떤 사람을 부유하게 만드는 강력한 힘을 발휘한다. 따라서 그 원인을 이해하면, 돈의 세계가 어떻게 움직이고, 그 안에서 어떻게 살아남고 부를 늘릴 수 있는지 한 걸음 더 가까이 다가갈 수 있다.

임금이 인플레이션과 동일한 속도로 오른다면 문제가 되지 않지만, 현실은 그렇지 않다. 영국에서 2008년 이후 임금 인상률이 평균 정도였던 사람은 실제로는 임금이 오르지 않았다고 봐도 무방하다. 임금이 인플레이션을 간신히 따라잡는 수준이었기 때문이다.[1] 또한 은행 이자가 인플레이션과 같거나 더 높다면 문제가 되지 않겠지만, 2009년 이후로는 그렇지 못했다. 이처럼 인플레이션이 기껏해야 중립적이고 최악의 경우 개인 자산에 큰 피해를 준다면, 정부는 이를 막기 위해 끊임없이 노력해야 하지 않을까?

안타깝게도 그렇지 않다. 약한 수준의 인플레이션은 용인될 뿐만 아니라 정부가 명시적으로 내세우는 정책 사항이다. 영국, 미국, 캐나다, 호주, 뉴질랜드, 일본, 유로존 국가 모두 인플레이션 목표를 연 2퍼센트로 설정하고, 이를 달성하기 위해 의도적인 조치를 취한다.[2]

내 지갑을 털어가는 마법의 단어, 인플레이션

작가로서 할 수 있는 가장 게으른 방식 중 하나는 사전적 정의에 기대는 것이지만, 이번만큼은 너그러이 봐주길 바란다. '인플레이션'은 너무 자주 언급되다 보니 모두가 의미를 알고 있다고 생각하기 쉽지만, 그 정의에는 인플레이션이 어디서 생겨났는지 이해할 수 있는 열쇠가 담겨 있다.

내가 좋아하는 《랜덤하우스 웹스터 대사전Random House Webster's Unabridged Dictionary》은 인플레이션을 다음과 같이 정의한다.

"통화량이 증가함에 따라 전반적인 물가가 지속적으로 상승하고, 그 결과 화폐의 가치가 하락하는 현상.”

이 정의를 하나하나 뜯어보자. “화폐의 가치가 하락”이라는 부분은 앞에서 이미 살펴본 내용이다. 앞서 우리는 파운드화가 빅토리아 여왕 시대 이후로 구매력의 99퍼센트를 잃었고, 달러도 상황이 크게 다르지 않다는 것을 알게 되었다.

“전반적인 물가가 지속적으로 상승하고”라는 부분은 결국 같은 이야기를 다른 방식으로 표현한 것이다. 화폐 가치가 떨어지면 그 통화에 표시된 모든 물건의 가격은 자연스레 상승하기 마련이다. 이 정의 중에서 특히 흥미로운 지점은 “통화량이 증가함에 따라”이다. ‘이게 무슨 말이지?’ 하는 생각이 들겠지만 이 장을 다 읽고 나면 이해될 것이다.

그 전에 먼저, 특정 시점에 인플레이션이 실제로 발생하고 있는지 여부를 파악하는 방법을 알아야 한다.

우리는 인플레이션율을 모든 물가에 동일하게 적용되는 고정된 수치처럼 생각하곤 한다. 하지만 현실에서는 경제 내 모든 재화와 서비스마다 각기 다른 인플레이션율을 지닌다. 예를 들어 달걀 한 판의 가격은 낮은 인플레이션율을 보이고, 건설용역비는 높은 인플레이션율을 보일 수 있다.

일부 재화는 일시적이거나 영구적으로 가격이 차츰 저렴해지는 디플레이션을 겪기도 한다. 가장 좋은 사례로 기술을 들 수 있다. 오늘날 우리는 10년 전보다 훨씬 뛰어난 성능의 TV를 더 적은 비용으로 구입할 수 있다. 이는 당연한 일이다. 각 품목은 각기 다른 방식으로 생산되며 가격에 영향을 미치는 요소(생산 방식, 원산지, 투입 비용, 인력 구조 등)도 서로 다르기 때문이다.

대부분의 국가에서는 일반 소비자가 구매할 법한 대표 품목을 모아 가상의 '장바구니basket of goods'를 구성해 물가지수를 산출하고 이 지표를 바탕으로 인플레이션을 측정한다. 영국과 미국 모두 이를 '소비자물가지수CPI'라고 부른다. 다른 용어를 쓰는 국가도 일부 있지만, 이 책에서는 CPI로 부르겠다.

영국의 경우, 글루텐프리 시리얼, 윈드서핑 장비, 매니큐어, 경마장 입장권 등을 비롯한 약 730개 품목이 이 '장바구니'에 포함된다.[3] 품목은 시대에 따라 바뀌는데, 2022년에는 남성 정장이 빠지고 항균 물티슈가 추가되었다. 이 가상의 장바구니에 담긴 품목의 전체 가격이 1년 동안 4퍼센트 상승한다면, 소비자물가 상승률은 4퍼센트라고 말한다.

물론 CPI에는 한계가 있다. 사람마다 구입하는 제품과 서비스가 서로 다르기 때문이다. 실제로 모든 개인에게는 자기만의 인플레이션율이 따로 있을 것이고, 이는 CPI와 큰 차이를 보일 수도 있다. 즉 CPI가 전년 대비 4퍼센트 상승했다고 해서 당신의 생활비가 4퍼센트 더 많이 든다는 의미는 아니다. 구매하는 품목에 따라 그 이상일 수도 있고 훨씬 적을 수도 있다. 그럼에도 CPI는 일반적으로 장기적인 물가 변동을 측정하는 데 있어 여전히 유용한 도구다.

통화량이 늘어날수록
물가가 오르는 이유

단기적인 가격 상승을 살펴본다면(연간이 아닌 월간이라고 하자), 개별 제품이 비싸지는 데는 나름의 이유가 있다. 그 원인은 주로 수요와 공급과 관련이 있다. 예를 들어 캘리포니아에 가뭄이 발생해 오렌지 수확량이 줄어들거나 유명 셰프가 방송에서 오렌지를 사용해 수요가 증가하면, 그 가격이 상승할 수 있다. 반대로 작황이 좋아 오렌지가 시장에 '넘쳐나거나' 건강에 대한 우려로 수요가 감소하면 가격이 떨어질 수도 있다.

또는 하나의 요인이 변해 동시에 수많은 상품에 영향을 미칠 수도 있는데, 그런 경우는 다음과 같다.

- 석유와 같이 많은 상품에 사용되는 주요 원자재 가격이 상승하는 경우
- 많은 상품이 생산되는 지역(예: 중국)에서 임금이 상승하는 경우
- 정부의 대규모 인프라 투자로 인해 건설 자재 및 노동력에 대한 수요가 증가해 가격이 상승하는 경우
- 자산시장의 급등 등으로 사람들이 갑자기 더 부유해졌다고 느끼게 되어 수요가 증가하는 상황에서 공급이 그 속도를 따라잡지 못해 가격이 상승하는 경우

이처럼 전방위적인 요인들이 한꺼번에 작동하고, 거기에 사람들의 기대심리까지 더해지면 가격은 더 가파르게 상승한다. 만일 과거에 가격이 꾸준히 상승해왔다면, 기업들은 연간 인상분을 계약과 임대료에 반영할 것이고, 직원들은 매년 더 높은 임금을 요구할 것이다. 다시 말해 인플레이션이 예상되는 충분한 역사적 근거가 있다면, 실제 인플레이션을 더욱 자극하는 자기 충족적 예언으로 이어진다.

하지만 '상품' 측면은 전체 이야기의 일부에 불과하다. 인플레이션은 통화 자체와 관련된 현상일 수도 있기 때문이다. 즉 모든 것의 비용은 그대로인데, 그것을 측정하는 화폐 가치가 하락하고 있을 수 있다. 그렇다면 왜 이런 일이 발생할까?

재밌는 사실은 화폐 가치가 하락하는 이유도 개별 상품의 가격이 변하는 이유와 같다는 점이다. 바로 수요와 공급 때문이다. 더 정확히 말하면 시간이 지날수록 통화의 공급이 증가해왔고, 통화량이 많아질수록 각 단위의 가치는 하락하게 된다.

여기서 잠시 멈추고, 경제학자들 사이의 지루한 논쟁 중 하나를 짚고 넘어가야겠다. 통화량 증가가 인플레이션을 유발한다는 주장은 논란의 여지가 비교적 적은 편이다. 앞서 언급한 인플레이션의 사전적 정의에도 "통화량이 증가함에 따라"라는 구절이 있다. 하지만 단순히 '양' 이외에도 상품에 대한 수요, 실업률, 정부 정책, 경제 내에서 돈이 얼마나 빠르게 회전하는가 등도 모두 인플레이션에 영향을 마친다. 인플레이션을 통제할 때 이러한 요인 중 어떤 것에 중점을 두어야 하는지에 대해 경제학자들은 서로 다른 견해를 가지고 있으며, 현실적으로 이 모든 요인을 분리해 누가 옳은지 밝힐 방법은 없다.

여기에서는 통화량 자체에만 집중해보자. 통화량이 인플레이션을 발생시키는 유일한 요인은 아니지만, 통화량을 별도로 분리해 살펴봄으로써 그것이 인플레이션의 중요한 원인이라는 것을 분명히 보여줄 수 있기 때문이다.

또한 대부분의 경제학자가 통화량이 인플레이션에 영향을 미친다는 데 동의하지만, 인플레이션 관련 뉴스 보도를 보면 이에 대한 언급이 거의 들리지 않는다(그리고 재밌게도 정치인들도 인터뷰에서 통화량에 관한 언급을 하지 않는 경향이 있다). 그렇기에 통화량에 더욱 집중할 가치가 있다고 생각한다.

그렇다면 실제로 통화량이 얼마나 증가했는지부터 확인해보자. 다음 페이지의 〈그림 5〉는 1900년부터 1955년까지 영국 경제의 총통화량을 나타낸 것이다. 이는 전문용어로 M4(비 금융권의 금융상품까지 포함하는 가장 넓은 범위의 통화 지표-옮긴이)라 하며, 흔히 '광의의 통화'라고 불린다.

1914년부터 1920년 사이에 통화량은 눈에 띄게 증가했고, 1940년부터 다시 큰 폭으로 증가하기 시작된 것을 볼 수 있다. 이 시기들에서 묘하게도 친숙함이 느껴진다면 앞서 보았던 구매력이 하락하던 시점과 겹치기 때문일 것이다. 당시 무슨 일이 일어났을까? 바로 세계대전이다.

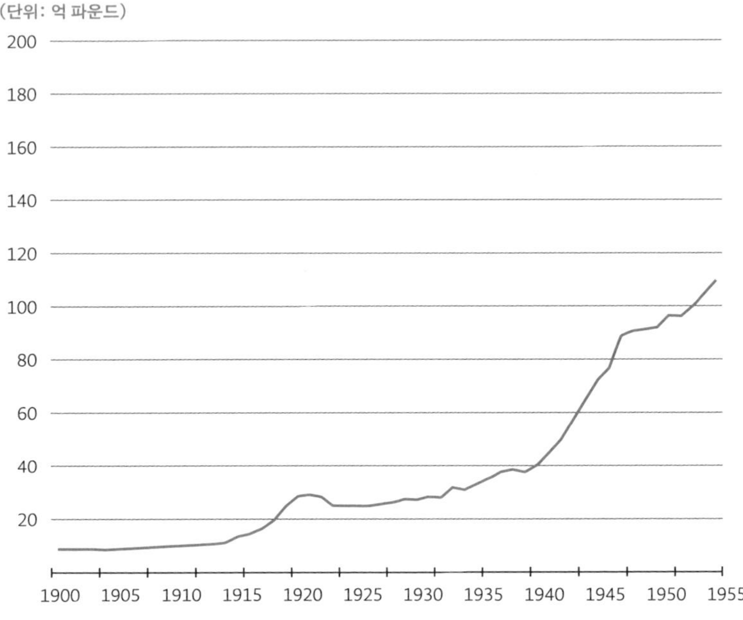

그림 5. 영국 광의의 통화(M4) 규모(1900~1955)[4]

전쟁은 비용이 많이 들기 때문에, 정부는 갑작스럽게 막대한 지출을 감당해야 한다. 그 비용을 어떻게 충당할 수 있을까? 새로운 돈을 찍어내 무기와 군대에 자금을 대는 것이다. 통화량이 증가하면 무슨 일이 발생할까? 결국 돈의 가치는 하락한다(새로운 돈이 어떻게 창출되는지는 나중에 다룰 것이다. 지금은 그런 일이 실제로 발생한다는 사실만 알아두기로 하자).

통화량과 관련해 특히 중요한 또 다른 해는 1971년이다. 사실 〈그림5〉를 1955년까지만 보여준 이유도, 1971년 이후 통화량이

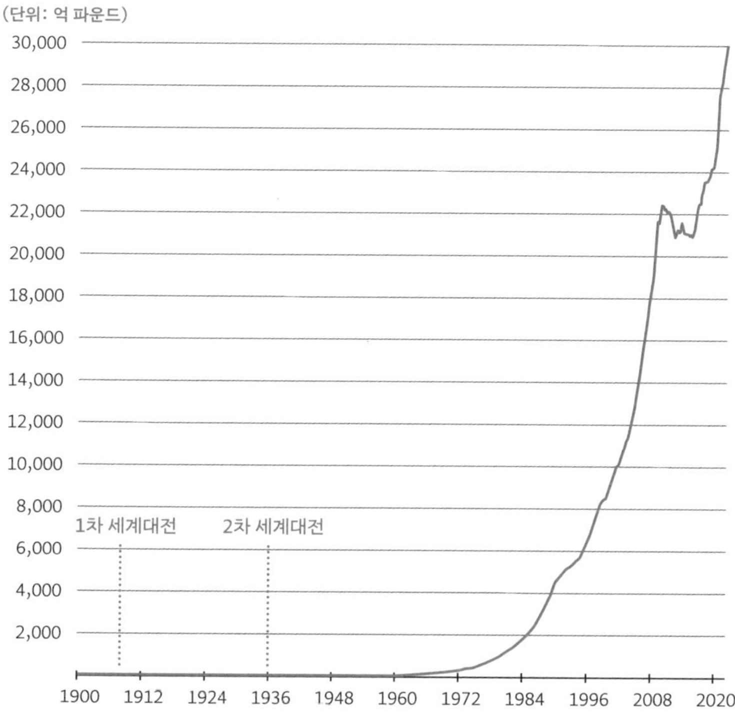

그림 6. 영국 광의의 통화(M4) 규모(1900~2020)[5]

엄청나게 증가한 탓에 세계대전 당시의 증가세는 거의 보이지도 않을 정도이기 때문이다. 〈그림 6〉에서 이를 확인할 수 있다.

다음 장에서는 1970년대 초반에 무슨 일이 있었길래 이토록 거대한 통화량 증가가 일어났는지 살펴볼 것이다. 원인이 무엇이든 결과는 극적이었다. 새로운 돈이 불러일으킨 인플레이션의 영향으로 인해 1970년의 100파운드는 1983년에 구매력이 20파운드로 하락했고(가치 80퍼센트 상실), 오늘날 기준으로 구매력이 5.70파운드밖에 되지 않는다.[6] 여기에서는 영국의 경제 데이터를 예로 들었지만, 전 세계 주요 통화에서 같은 양상이 나타난다.

여기서 우리가 보고 있는 상황은, "통화량이 증가함에 따라… 화폐의 가치가 하락하는 현상"이라는 인플레이션의 사전적 정의가 현실에서 어떻게 작동하는지를 그대로 보여준다. 즉 오늘날 유통되는 돈은 1960년대보다 훨씬 많으며, 이로 인해 주택이나 우유 한 팩, 또는 다른 모든 상품에 당시보다 더 많은 돈을 지급할 수밖에 없게 된 것이다.

시중에 유통되는 돈이 더 많아지면 구매력이 하락하는 현상(이는 물가 상승으로 나타난다)이 여전히 이상하게 느껴진다면, 다른 식으로 생각해보자. 돈의 목적을 상기해보면, 우리가 원하는 모든 거래 '사이에 끼어서' 물물교환하는 방식보다 더 편리하게 필요한 재화와 서비스를 구매할 수 있도록 하는 것이다. 만약 정부가 미쳐서 엄청나게 많은 돈을 찍어내 모든 사람의 은행계좌에 100만 파운드(또는 달러나 유로)를 입금해준다면 어떻게 될까? 시장에 있는 물건의 총량은 변하지 않는데 모두가 더 많은 돈을 가지고 그것들을 사려고 한다면? 수요는 폭증하고 공급은 그대로이기 때문에 물가는 당연히 오르게 된다. 그게 아니라면, 모든 것이 부족해지는 상황이 벌어질 것이다. 추가로 돈을 찍어낸다고 해서 기업들이 마법에 걸린 것처럼 갑자기 더 많은 물건을 생산할 수 있게 되는 건 아니다. 현실 세계에서는 이보다는 덜 극단적이지만 그 메커니즘은 동일하다.

정부가 인플레이션을 원하는
결정적 이유

일반 대중에게 인플레이션의 개념을 설명해준다면, 안정적 물가보다 인플레이션을 선호한다고 말하는 사람은 아무도 없을 것이다. 특히 지난 14년처럼 저축에 대한 이자가 인플레이션을 따라잡지 못할 때는 인플레이션이 대부분의 사람에게 이득보다 해악이다. 하지만 앞서 말했듯 정부는 명시적으로 적정한 인플레이션을 원하고, 때로는 그것을 달성하기 위해 상당한 노력을 기울이기도 한다(그 방법은 뒤에서 살펴볼 것이다). 왜 그럴까? 3가지 주요 이유가 있다.

첫째, 인플레이션이 디플레이션보다 낫기 때문이다. 만약 다음 달 물가가 오늘보다 더 떨어질 것을 안다면 사람들은 구매를 미룰 것이다. 그리고 그다음 달 물가가 더 많이 떨어질 거라고 믿는다면 또다시 구매를 미룰 것이다. 많은 사람이 이렇게 행동하면 팔리지 않고 쌓이는 물건이 많아질 테니 기업들은 생산량을 줄일 것이다. 결과적으로 생산한 물건에 대한 수요를 찾지 못한 기업들은 직원들에게 줄 임금을 감당하지 못해 인력을 감축해야 할 지 모른다.

이처럼 디플레이션이 실업으로 이어지는 상황을 '디플레이션의 악순환'이라고 하는데, 정부가 두려워하는 것이 바로 이런 상황이다. 그래서 정부는 디플레이션이 발생하지 않도록 약간의 인플레이션을 목표로 삼는다(현실에서도 구매를 미루는 현상이 발생할까? 그런 일은 없다고 주장하는 사람도 있을 것이다. 실제로 TV와 아이폰이 시간이 지나면 가격이 내려가고 품질은 좋아진다는 것을 알면서도 우리는 사고 싶을 때 구매하곤 한다. 어쨌든 이론상으로는 그런 일이 발생한다).

둘째, 인플레이션은 사람들로 하여금 돈이 '일하게' 만들기 때문이다. 인플레이션은 현금의 가치를 계속 떨어뜨리기 때문에 사람들은 현금을 많이 보유하는 것을 꺼리게 된다. 대신 사람들은 그 돈으로 물건을 사거나(이는 고용과 경제성장에 도움이 된다), 투자하거나(만일 그 투자처가 주식시장이라면 주가가 상승해 모두가 더 부유해졌다고 느낄 수 있다), 아니면 약간의 이자라도 받기 위해 은행에 저축하기로 (이 돈은 미래에 더 많은 생산이 가능하도록 기업에 대출해줄 수도 있다) 마음을 먹을 것이다.

이제 마지막 이유다. 인플레이션은 대부분의 사람에게 나쁜 것이지만 빚을 진 사람들, 즉 채무자들에게는 좋은 일이다. 왜 그럴까? 인플레이션은 미래에 갚아야 할 돈의 가치가 빌린 돈의 가치보다 낮아진다는 것을 의미하기 때문이다. 극단적인 예로 100년 전 20파운드를 빌렸다고 치자. 믿기 어렵겠지만, 그 당시에는 20파운드로 월세를 내고도 근사한 외식을 할 수 있을 정도의 돈이 남았다. 그 돈을 갚아야 하는 지금은 인플레이션 덕분에 지갑에서 20파운드짜리 지폐를 꺼내 별 부담 없이 건넬 수 있다. 반대로 디플레이션은 빚을 갚기 어렵게 만들며, 개인과 기업의 파산 가능성을 높인다.

정부는 왜 채무자에게 친절한 걸까? 그 이유는 간단하다. 가장 큰 채무자가 바로 정부 자신이기 때문이다. 정부는 다른 누구보다도 인플레이션의 혜택을 크게 누리는 존재다. 앞서 예시와 마찬가지로 미래에 갚아야 할 돈의 가치가 떨어진다면, 지금 빚을 지는 부담이 훨씬 가벼워진다. 결국 정부는 채무자에게 친절을 베풀려는 차원에서 인플레이션을 유지하는 게 아니다.

국가가 인플레이션 목표를 2퍼센트로 설정한 것도 우연이 아니다. 2퍼센트는 우리가 살펴본 3가지 이점을 제공하면서도 너무 높지는 않은 수준이다. 만일 2퍼센트를 크게 웃도는 인플레이션이 장기간 지속된다면 '인플레이션 악순환'에 빠질 수 있다. 인플레이션 악순환이란, 모든 것이 더 비싸져서 사람들이 더 높은 임금을 요구하고 임금 상승이 생산비를 밀어올려 물가가 더욱 상승하는 일이 반복되는 상황을 말한다. 2퍼센트는 디플레이션과 고인플레이션이라는 이중 악재를 막으면서도 사람들이 물가 상승을 지나치게 걱정할 필요가 없는 '골디락스 존Goldilocks zone'이라고 할 수 있다.

돈이 시장에 풀릴 때 벌어지는
부의 대이동

지금까지 통화량과 물가 변동 사이에 확실한 연관성이 있다는 사실을 알아보았다. 단, 착각하지 말아야 할 것이 있는데, 이 둘이 일정한 상관관계를 갖는 것은 아니라는 점이다. 예를 들어 통화량이 5퍼센트 증가한다고 해서 반드시 5퍼센트의 물가 변동이 생길 거라고 단정할 수는 없다. 여기에 작용하는 다른 요인이 전혀 없다면 실제로 그렇게 될 수도 있지만, 앞에서 살펴봤듯 물가 변동에는 다른 많은 요인이 영향을 미친다.

상황을 더 복잡하게 만드는 요소가 있는데, 바로 시간차^{time lag}다. 돈을 풀고 나서 실제 그 효과가 나타나기까지 걸리는 시간은 일정하지도 않고, 예측도 불가능하다. 그래서 어떤 정책입안자가 돈을 찍어내고 6개월간 지켜보다가 이런 판단을 내릴 수도 있다. '흠, 별로 효과가 없네. 더 추가해야겠군.' 그런데 일주일 뒤, 첫 번째 조치의 효과가 갑자기 나타나 인플레이션이 극심해질 수도 있다.

다음으로, 소비자들의 심리가 통화량 증가의 결과와 시점에 영향을 미친다는 점을 고려해야 한다. 2020년을 떠올려보자. 영국 정부는 봉쇄된 채 가라앉는 경제를 살리기 위해 수십억 파운드를 추가로 발행했지만, 재택근무용 편안한 옷과 천연발효빵 재료를 제외한 거의 모든 상품에 대한 수요가 일제히 하락했다. 사람들이 실직을 두려워한 탓이었다. 게다가 사람들은 집에 갇혀 돈을 쓸 곳도 없었다. 결과적으로 적어도 한동안은 인플레이션이 발생하지 않았다.

마지막으로, 새로 창출된 돈이 결국 어디로 가는지를 고려해야 한다. 예를 들어 정부가 수십억 파운드를 만들어내 한 사람에게 몰아주었는데, 그 사람이 돈을 금고에 넣어두고 아무것도 하지 않는다면 어떻게 될까? 물가에는 아무런 영향도 미치지 않을 것이다. 물론 이런 일이 일어날 리는 없지만, 돈이 어떻게 창출되느냐에 따라 경제에 주입되는 방식이 달라지며, 이는 인플레이션에 영향을 미치는 정도와 그 인플레이션이 나타나는 부분에 영향을 끼친다.

이에 대해서는 8장에서 더 깊이 다룰 예정이다. 일반적으로 통화량의 증가는 장기적으로 인플레이션을 유발하지만 매년 다양한 여러 요인도 인플레이션에 영향력을 미친다는 점만 일단 알아두기로 하자. 그래서 단기적으로는 통화량과 인플레이션 사이에 일관된 상관관계를 찾기가 불가능하다.

결국 모든 길은
'통화량'으로 통한다

특정 상품의 가격이 오르는 데는 여러 가지 이유가 있을 수 있지만, 수십 년에 걸친 전반적인 인플레이션은 통화량 증가에 의한 것이라는 사실을 확인했다. 이것이 바로 '인플레이션'의 사전적 정의다.

또한 인플레이션은 채무자에게는 유리하지만, 다른 모든 사람에게는 잠재적으로 불리할 수 있다는 것도 살펴봤다. 그리고 막대한 부채를 지고 있는 정부들이 의도적으로 인플레이션을 유도하는 이유가 그들 자신이 가장 큰 이익을 얻을 수 있기 때문이라는 것도 알게 되었다. 정부가 어떻게 그렇게 하는지는 나중에 살펴볼 것이다. 이들이 인플레이션을 유도하는 방식은 겉보기에는 미묘하지만 매우 중요한 결과를 낳는다.

이쯤에서 1장에서 나온 개념을 다시 떠올려보라. 돈의 가장 중요한 속성 중 하나는 '희소성'이다. 어떤 통화가 금처럼 양이 한정적이고 생산이 어려우며 하룻밤 사이에 공급이 크게 늘어나지 않는다면 나는 기꺼이 그 돈과 내 책을 교환할 것이다. 하지만 그 돈이 나뭇잎처럼 원할 때마다 밖에 나가 한 움큼씩 주울 수 있는 것이라면, 나는 책값으로 그것을 받고 싶지 않을 것이다. 현재 파운드, 달러, 유로 등 주요 통화는 나뭇잎과 같은 상태인가? 아직은 아니다. 하지만 1970년대 이후 통화량이 이전 수십 년(사실상 수백 년) 전에 비해 얼마나 빠르게 증가했는지 기억할 필요가 있다. 이는 이 책을 읽는 내내 염두에 두어야 할 사안이다.

결론적으로 지금 세계의 주요 경제는 중앙정부가 통제하는 통화에 의존하고 있고, 그 통화는 매년 그 가치가 의도적으로 하락하고 있으며, 공급량은 사실상 무한정 늘어날 수 있다. 어쩌다 이렇게 된 걸까? 어떻게 새로운 돈이 끝도 없이 생겨날 수 있게 되었을까? 그리고 왜 특정 시점에 구매력과 통화량이 급격히 변동하는 일이 생겼을까?

이 질문들에 답하려면 다시 시간을 거슬러 올라가, 단순한 지역 경제로 구성되었던 세상이 오늘날 우리가 사는 거대하고 복잡한 금융 시스템으로 변해온 여정을 되짚어야 한다. 그 과정을 통해 우리는 우리가 살고 있는 이 시대가 인류 역사상 유례없는 '금융 실험'의 한복판에 있다는 사실을 알게 될 것이다.

인플레이션은 단순히 물가가 오르는 현상이 아니다.

화폐 가치를 떨어뜨려

당신의 노동을 조용히 희석시키는 메커니즘이다.

정부가 인플레이션을 용인하는 이유는 명확하다.

그것이 국가의 막대한 부채를

가장 손쉽게 털어내는 방법이기 때문이다.

돈의 가격을 결정하는 규칙을 이해하지 못하면,

당신은 평생 땀 흘려 일군 부를 앉아서 빼앗길 수밖에 없다.

당신의 부를 결정하는 돈의 설계자들

돈의 질서를 만든 권력의 역사

"돈을 통제하는 자가
결국 세상을 지배한다."

어릴 적 '남에게 대접받고자 하는 대로 남을 대접하라'는 황금률을 배웠을 것이다. 그러나 영화 〈알라딘〉을 통해 유명해진 다소 냉소적인 황금률도 있다. '금을 가진 자가 규칙을 만든다'는 것이다. 이 장에서 살펴볼 더 현실적인 표현은 이렇다. '권력을 가진 자가 금에 관한 규칙을 만든다.'

앞 장에서는 과거 50년 동안 경제의 통화량이 얼마나 폭발적으로 증가해왔으며, 그 속도가 점점 더 빨라지고 있다는 사실을 확인했다. 도대체 어떻게 이런 일이 가능할까? 사실 역사적으로 대부분의 기간 동안 이런 일은 없었다. 그러나 20세기 후반에 들어서며 그 제동장치가 풀리고, 돈의 창출은 사실상 무제한에 가까운 상태가 된 것이다.

그렇다면 20세기 후반에 정확히 어떤 변화가 있었던 걸까? 이 장에서는 그 흐름을 살펴볼 예정인데, 확실한 이해를 위해 먼저 그 시점까지의 돈의 역사를 간단히 훑어보기로 하자.

돈과 권력의 끈끈한 관계
: 중앙은행의 탄생

사람들은 실제 '돈'이 등장하기 훨씬 전부터 물물교환을 통해 거래를 해왔다.[1] 약 3만 년 전에는 '탤리스틱tally sticks'(고대인들이 숫자를 세기 위해 뼈에 눈금을 새겨 만든 막대기-옮긴이)을 사용해 누가 누구에게 무엇을 빚졌는지를 기록했다. 시간이 지나면서 이 도구는 점토로 만든 토큰으로 대체되었다. 하지만 이 역시 소유권의 증표였을 뿐, 거래에서는 사용되지 않았다.

인류 최초의 실물 화폐는 약 7,000년 전에 등장한 메소포타미아의 세겔shekel로 알려져 있다. 금속 화폐는 이보다 더 최근의 것으로 기원전 1,000년경 중국에서, 기원전 650년경 고대 그리스에서 각각 독립적으로 등장한 것으로 보인다.

이후 이 작은 금속 조각은 점차 경제 질서를 구성하는 핵심 수단이 되었다. 영국은 이 흐름을 관찰하기에 좋은 사례다. 내가 사는 곳이라서가 아니라, 아주 오래전의 기록이 남아 있고, 세계 금융 역사상 중요한 혁신이 일어났던 시기에 강대국이었기 때문이다. 20세기에 접어들기 전까지의 흐름은 주로 영국 통화를 바탕으로 설명을 이어가겠다.

영국에서는 기원전 2세기부터 동전이 사용되었지만,[2] 실제로 널리 쓰이고 표준화된 건 8세기경에 들어서면서부터였다. 이후 표준화된 동전은 은으로 만들어졌다. 영국 법정통화의 정식 명칭인 '파운드 스털링Pound Sterling’은 1파운드 중량의 스털링실버(당시 동전을 주조하던 주 재료로 은 92.5퍼센트, 구리 7퍼센트로 구성된 합금-옮긴이)에서 유래했다. 중요한 점은 이 시기 화폐의 가치는 금속 자체에 있었다는 것이다. 동전을 녹이든 편리한 원반 형태로 만들든 그 가치는 동일해야 했다.

은 1파운드는 240페니penny로 나뉘었다. 페니 12개가 1실링shilling이었고, 실링 20개가 1파운드였다(12×20=240). 그리고 1페니는 그보다 더 작은 단위인 4파딩farthing으로 다시 세분되었다. 이 복잡한 단위 체계는 무려 1,300년 동안 유지되었고, 1971년에 와서야 지금과 같은 10진법 화폐 체계로 바뀌게 된다(영국의 유명 소설가 닐 게이먼Neil Gaiman은 이렇게 말했다. “영국인들은 10진법 통화를 오랫동안 거부했다. 10진법이 ‘너무 복잡하다’고 생각했기 때문이다.”).

몇 세기 전만 해도 모든 것이 지역 단위로 작동했다. 먼 거리에 있는 곳과 소식을 주고받는 데 시간이 걸렸기 때문이다. 화폐의 경우, 각 마을은 자체적으로 동전을 제작했는데, 오늘날 같은 하나의 조폐국Royal Mint은 없었다. 문제는 이것이 사기와 조작의 여지를 남겼다는 것이다. 각 지역의 화폐 주조인은 은에 값싼 주석을 섞어 실제보다 가치가 낮은 동전을 만들 수 있었다. 즉 한 상인이 아무런 의심 없이 은화 1파운드를 받았다가 나중에 녹여보면 은 함량이 부족하다는 것을 깨달을 수도 있다. 그 조작의 유혹에 넘어간 화폐 주조인들은 후회하게 된다. 훗날 1100년 왕위에 오른 헨리 1세는 이 사실을 알고 모든 화폐 주조인에게 거세와 손목 절단형을 내렸기 때문이다.

그로부터 약 400년이 흐르고 1509년 왕위에 오른 헨리 8세는 화폐 발행을 중앙집권화하고자 했다. 그래서 그는 모든 지역 조폐소를 폐쇄하고, 런던의 왕립조폐국만 새로운 동전을 주조할 수 있다고 공표했다.

이 조치로 지방의 화폐 주조인들이 동전의 은 함량을 조작할 기회는 사라졌지만 왕이 중앙에서 동일한 조작을 할 수 있는 기회가 마련되었다(거세당할 위험 없이 말이다). 그 결과는 예상대로였다. 조폐권이 중앙에 집중된 지 30년 후, 동전의 은 함량은 90퍼센트 이상에서 3분의 1 조금 넘는 수준으로 감소했다.[3] 원래 은의 무게를 상징했던 파운드 주화는 이제 그 이름값을 하지 못하게 되었다.

이와 같은 중앙집권화 양상은 전 세계적으로 전개되었다. 독일의 경우, 함부르크는 1873년까지 자체 통화를 사용하다가 독일 통일 이후 마르크화를 채택했으며, 2002년에는 유로를 도입했다. 미국에서는 1793년에 달러화가 기본적인 화폐 단위로 확립되었지만,[4] 1861년까지는 지역 및 지방 은행들이 독자적으로 은행권을 발행할 수 있도록 허용했고, 실제로 약 1,600개의 은행들이 자체 지폐를 발행했다. 일본에서는 1871년 엔화가 도입될 때까지 각 지역마다 독자적인 화폐를 발행했다.[5] 이런 통합으로 지역 권력자들은 자신에게 유리하게 화폐를 조작할 수 있는 권한을 빼앗기고, 그 권한을 중앙 정부로 넘기게 되었다.

왕의 금고가
국가의 은행이 되기까지

1600년경까지 대부분의 국가에서 군주들이 화폐 발행을 중앙집권화했다. 그러나 또 다른 혁명이 코앞에 다가와 있었다. 영국에서 세계 최초의 중앙은행인 영국은행이 설립된 것이다.

1600년대에 접어들자 영국에 은이 부족해졌다. 해외에서 물품을 수입하는 과정에서 막대한 양의 은이 해외로 빠져나갔기 때문이다. 이후 은 대신 금으로 파운드화의 가치를 규정하기 시작했다. 이 변화 조치는 '만유인력의 법칙'으로 유명한 아이작 뉴턴이 주도했다. 같은 시기에 영국은 심각한 국고 부족 사태에 빠져들었다. 프랑스와 전쟁을 치르던 중 중요한 해전에서 패배했고, 함대를 재건하기 위해 120만 파운드를 조달해야 했기 때문이다.

당시에는 전쟁 자금을 마련하기 위해 군주가 직접 돈을 빌리는 것이 일반적이었다. 불행히도 그즈음에 사망한 찰스 2세가 생전에 진 대규모 부채를 상환하지 못한 상태였고, 이로 인해 사람들은 그 후계자에게 돈을 빌려주기를 꺼렸다. 잠재적인 대출자들에게서 신뢰를 얻기 위해 1694년에 윌리엄 3세는 국가 단위의 중앙은행 설립에 동의한다. 이것이 바로 영국은행이다. 중요한 점은 이 은행이 군주가 아닌 의회의 감독을 받게 되고 차입한 돈은 군주가 아닌 국가 전체가 책임진다는 점이었다. 이 전략은 성공을 거뒀다. 영국은행은 12일 만에 약 1,200명의 개인 투자자로부터 전쟁에 필요한

120만 파운드를 빌릴 수 있었다.[6]

따라서 정부가 빌린 돈을 뜻하는 국가부채는 1694년 120만 파운드의 대출과 함께 시작되었다. 이 대출은 시작에 불과했다. 나폴레옹 전쟁이 끝난 1815년에는 국가부채가 약 8억 파운드로 증가했다.[7]

금이
종이가 되다

영국은행이 설립되면서 지폐가 발행되기 시작했다. 이전까지만 해도 파운드화의 가치는 은화나 금화 자체에 있었다. 하지만 지폐가 발행되면서 이제 처음으로 내재적 가치가 없는 종이 한 장으로도 돈의 가치를 나타낼 수 있게 되었다.

왜 사람들이 가치 없는 종이를 받아들이기 시작했을까? 이 종이를 영국은행에서 일정량의 금으로 교환할 수 있었기 때문이다. 사실상 지폐는 은행에 보관된 진짜 금에 대한 일종의 '영수증' 역할을 했다. 요구할 때마다 지폐를 금으로 교환해주는 일은 대중의 신뢰를 얻는 데 중요한 일이었지만, 실제로 교환을 요구하는 일은 드물었다. 사람들은 신뢰할 만한 대상이 지폐를 뒷받침하고 있다는 사실에 안심하며, 재화와 서비스를 교환하는 대가로 기꺼이 지폐를 받아들였다.

물론 모두가 한꺼번에 찾아와 지폐를 금으로 바꿔달라고 할 경우를 대비해 영국은행은 상환금에 해당하는 금을 실제로 보유해야 했다. 당연한 일 아닌가? 아니, 꼭 그렇지는 않았다. 영국은행은 사람들이 지폐에 만족해하며 금을 찾으러 오는 일이 드물다는 사실을 깨닫고, 보유한 금보다 훨씬 많은 지폐를 발행하기 시작했다. 1730년대에는 너무 많은 사람이 찾아와 일제히 금태환을 요구하는 바람에 영국은행이 거의 무너질 뻔했지만, 결국 살아남아 50년 후에도 여전히 요구에 따라 금을 지급했다.

지금까지의 금융 역사에서 우리는 일관된 패턴을 찾아볼 수 있다. 추가적인 돈을 창출하거나 얻을 수 있는 기회가 있을 때마다 사람들은 그 유혹을 거의 예외없이 받아들인다는 것이다.

- 중세의 화폐 주조인들은 동전의 은 함량을 줄일 기회가 주어지자 실제로 그렇게 했고, 그 결과 신체 일부가 잘려나갔다.

- 헨리 8세는 동전을 만드는 것이 중앙집권화되자 마찬가지로 은 함량을 줄였다(물론 그는 왕이었기에 신체의 어떤 부분도 잘려나가지 않았다).

- 영국은행의 설립은 정부가 공식적으로 돈을 빌릴 수 있는 구조를 만들었고, 정부는 100년 만에 10억 파운드가 넘는 부채를 쌓았다.

- 영국은행은 금과 교환 가능한 지폐를 발행했으며, 보유한 금보다 훨씬 많은 지폐를 발행했다.

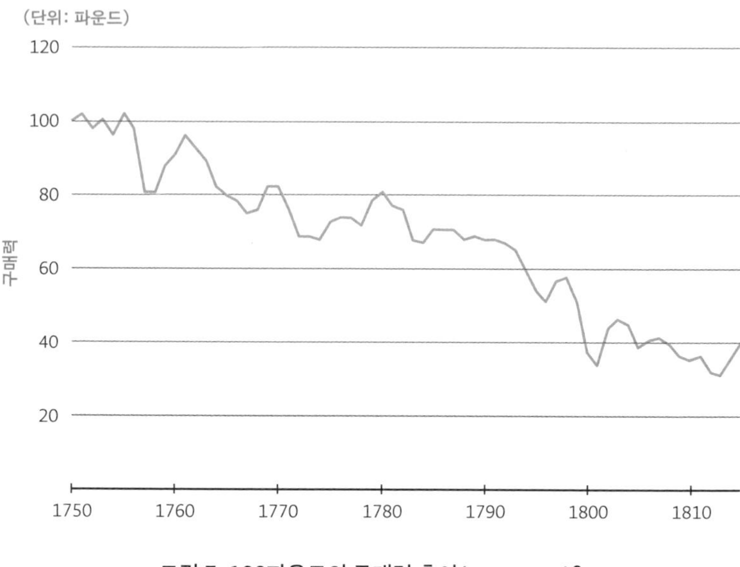

그림 7. 100파운드의 구매력 추이(1750~1815)[8]

이처럼 어떤 시스템이든 그 허점을 이용하려는 시도는 반복되어 왔고 시간이 흐를수록 더 많은 화폐를 시장에 유통시키는 결과를 낳았다. 우리는 통화량이 증가할수록 개별 파운드화의 가치는 하락한다는 사실을 이미 살펴봤다. 〈그림 7〉을 보면, 1750년(자료가 남아 있는 가장 오래된 시점이자 영국은행 설립 이후 약 50년이 지난 시점)부터 1815년(매우 비싼 대가를 치렀던 나폴레옹 전쟁이 끝난 시점)까지 구매력이 급락하는 모습을 확인할 수 있다.[9]

파운드화만 그랬던 것도 아니다. 앞으로 살펴보겠지만, 권력자에게 유리하도록 통화가 남용되는 패턴은 전 세계적으로 그리고 역사적으로 계속되었다.

돈의 질서를 세운
금본위제 시대

〈그림 7〉에서 볼 수 있듯 파운드화의 구매력은 1815년 이후 어느 정도 회복되었고, 1914년까지 비교적 안정적으로 유지되었다. 그 이유 중 하나는 큰 전쟁이 없었기 때문이다. 19세기 중반 유럽 전역에서 전쟁이 끊이지 않았지만, 영국은 대체로 전쟁에 개입하지 않고 제국 확장에 집중했다. 전쟁이 적다는 것은 돈을 새로 찍어내거나 새로운 부채를 쌓을 필요가 줄어든다는 것을 의미한다.

당시 파운드화의 가치가 안정적이었던 또 다른 이유는 1870년대에 '금본위제'가 시행되었기 때문이다. 금본위제는 서구 국가들이 서로를 죽이는 대신 무역을 하기로 결정한 이후 나타난 문제에 대한 해결책이었다. 국제무역의 증가는 전쟁보다 훨씬 생산적이고 덜 잔혹했지만, 한 가지 큰 골칫거리를 동반했다. 바로 끊임없이 국가 간 통화를 환전하는 데 따르는 부담이 생긴 것이다.

이를 해결하기 위해 대부분의 국가가 영국을 따라 금본위제에 참여해 자국 통화를 일정량의 금에 '고정시키기'로 결정했다. 모든 통화는 정해진 가격에 금으로 환전할 수 있었고, 이는 다양한 통화 간 환율을 고정시키는 효과를 낳았다(이는 2장에서 다룬 오늘날의 변동환율제와는 다르다).

이 제도는 사실상 국제무역이 금을 기반으로 이루어지게 되었다는 것을 의미한다. 실제로 각국 중앙은행 간에 금이 운송되는 식으로 결제가 이루어졌다. 따라서 어떤 국가가 다른 나라에 판 것보다 더 많이 사들였다면, 그 나라 중앙은행의 금 보유고는 감소했고, 반대의 경우에는 보유고가 늘어났다.

금본위제는 본래 국제무역을 원활하게 하기 위한 방편으로 도입되었지만, 영국은행 입장에서는 지폐를 무한정 발행하는 능력을 제한하는 부작용도 있었다. 해외 상품을 구매하는 데 그 지폐가 사용되면, 영국은행은 금을 해외로 보내 결제를 완료해야 했기 때문이다. 따라서 지폐 발행을 남발하다가는 결국 금 보유고가 바닥을 드러내게 될 터였다. 즉 영국은행은 화폐 발행에 신중을 기해야 했고, 이는 금본위제가 도입되기 전보다 통화량 증가 속도가 늦춰져야 한다는 것을 의미했다.

하지만 이런 제한이 있다고 해도 영국 내부 사정은 달라진 게 없었다. 지폐는 명목상 요구에 따라 금으로 교환할 수 있었지만, 모두가 한꺼번에 지폐를 들고 몰려올 경우 교환해줄 금이 부족하기는 매한가지였다.

이 시스템은 완벽하지 않았지만, 1차 세계대전이 발발하기 전까지는 잘 유지되었다. 전쟁이 시작되면서 국제협력이 붕괴되었고 각국은 전쟁 자금을 마련하기 위해 총력을 기울였다. 영국의 경우, 영국은행이 보유한 금의 양은 전쟁에 대비하기에 턱없이 부족한 상태였다. 게다가 전쟁이 곧 터질 거라는 소문에 겁을 먹은 사람들이 영국은행이 원치 않던 행동에 돌입하면서 상황은 더욱 악화되었다. 사람들이 지폐를 금으로 바꾸려고 줄을 서기 시작한 것이다.

결국 영국이 독일과의 전쟁을 선포한 다음 날, '1914년 통화 및 은행권법Currency and Bank Notes Act of 1914'이 제정되었다. 이 법으로 정부는 수백만 파운드에 이르는 새 지폐를 발행할 권한을 갖게 되었다. 이 돈은 법정통화로 승인되었으며 결정적으로 금으로 교환이 불가능했다. 〈그림 8〉에서 볼 수 있듯이 1914년을 기점으로 파운드화의 구매력이 급락한 이유가 바로 여기에 있다. 통화량이 갑자기 증가하면서 자연스럽게 화폐 가치가 하락했기 때문이다.

이는 역사적으로 중대한 전환점이었다. 사람들이 일제히 은행으로 몰려들면서 이전에 발행된 은행권이 금으로 완벽히 보장되

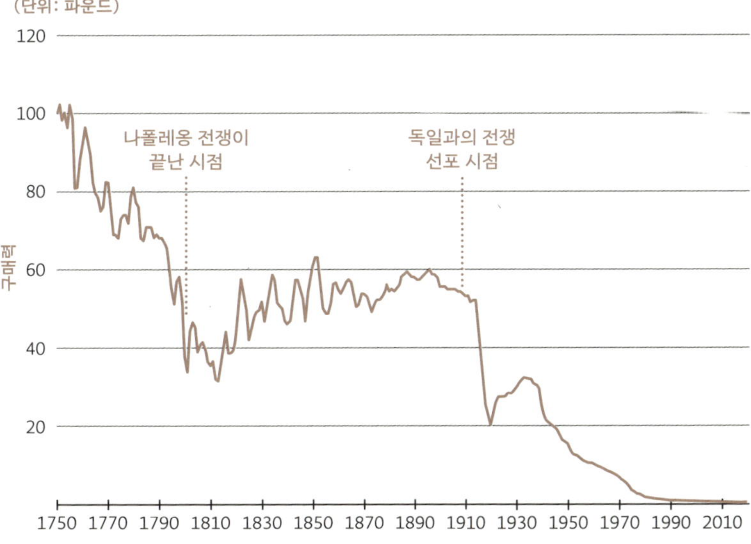

그림 8. 100파운드의 구매력 추이(1750~2020)

는 상태가 아니었다는 사실이 밝혀지긴 했지만, 적어도 형식상으로
는 '금으로 바꿀 수 있는 지폐'라는 명분은 유지되고 있었다. 반면
1914년 법 제정 이후 발행된 지폐는 애초에 금과의 연결고리가 전
혀 없었다. 이 새로운 지폐들은 단지 표면에 '1파운드'라고 찍혀 있
으며 정부가 보증한다는 이유만으로 1파운드의 가치를 지니게 된
것이다.

1차 세계대전 이후 잠시 지폐와 금의 연계가 재개되었지만,
1931년 영국은행은 지폐를 금으로 교환해주는 일을 영구히 중단
했다. 그날 이후로 파운드화는 '법정화폐fiat currency'가 되었다.[11] 즉
정부가 가치를 보증한다는 이유로 가치를 지닐 뿐, 어떤 실물 자산
과도 연결되지 않는 화폐가 된 것이다.

달러 패권의 시작, 브레턴우즈 체제

2차 세계대전이 끝나자, 국제사회의 신뢰를 회복하고 국제무역을
촉진하기 위한 새로운 체제가 필요해졌다. 전쟁 전만 해도 금에 기
반한 시스템이 꽤 잘 돌아가는 듯 보였지만, 이번에는 그렇게 할 수
없었다. 이유는 단순했다. 미국이 세계 금 공급량의 4분의 3을 보
유하고 있었기 때문이다. 미국은 어떻게 그렇게 많은 금을 축적했
을까?

먼저, 1933년 프랭클린 D. 루스벨트 대통령은 미국 시민의 금 보유를 금지하는 명령을 내렸다.[12] 시민들은 달러를 받고 모든 금을 정부에 매각해야 했다. 이는 중앙은행의 금 보유고를 늘리기 위한 조치였는데, 실제로 효과가 있었다. 다음으로, 미국은 2차 세계대전에 참전하기 전 연합군에게 무기와 전쟁 물자를 공급하고 그 대가로 금을 받았다. 미국은 다른 나라들보다 늦게 참전했기 때문에 전쟁으로 인한 자원 소모가 적었다.

미국의 전후 영향력, 방대한 금 보유고 및 달러 강세에 대한 전반적 신뢰에 힘입어 달러는 '금이나 다름없는' 위상을 얻게 되었다. 이에 따라 1944년 새로운 시스템이 고안되었고 44개국이 이에 서명하면서[13] '브레턴우즈 체제Bretton Woods system'가 탄생했다. 이 새로운 체제의 주요 특징은 다음과 같다.

1. 달러는 금에 기반해 고정된 가치(금 1온스당 35달러)를 지니게 되었다.
2. 다른 모든 통화는 달러와 연동해 환율을 고정시켰다.
3. (개인이 아닌) 각국 중앙은행은 보유한 달러를 미국 연방준비은행에 되돌려주면 언제든 그에 상응하는 금을 받을 수 있었다.

이 체제 덕분에 무역은 예측 가능하고 일관된 기준 위에서 이뤄졌다. 이를 통해 달러는 세계 무역에 걸맞은 편리하고 신뢰할 수 있는 통화로 자리 잡았다. 예를 들어 일본의 공장 소유주는 그리스에 제품을 판매하면서 드라크마가 아닌 달러로 대금을 받기를 선호했다. 그 달러를 다른 국가와의 무역에 사용하거나 사전에 설정된 환율로 자국 통화(엔화)로 환전하기 위해서였다. 이 체제하에서 파운드화를 포함한 모든 통화는 과거와 마찬가지로 사실상 금에 의해 뒷받침되었고, 달러는 그 중간에서 무역을 원활하게 해주는 역할을 했다. 이 체제는 성공적으로 작동했다. 전후 상황이 안정을 되찾았고 국제무역이 재건되었다.

하지만 이 체제가 계속 작동하려면 필수로 갖춰야 할 요소가 하나 있었다. 언제든 달러를 정해진 양의 금으로 교환할 수 있다는 믿음이다. 즉 발행된 달러를 뒷받침할 만큼 충분한 금이 실제로 존재한다고 믿을 수 있어야 한다. 따라서 미국 정부가 해야 할 일은 단 하나였다. 추가로 금을 확보하지 않은 채 달러를 무분별하게 찍어 내지 않는 것. 이는 당시 상황에서 그다지 무리한 요구는 아니었다.

하지만 예상대로 그 약속은 오래가지 못했다. 솔직히 말해서 전혀 예상치 못한 일은 아니었다. 앞에서 여러 번 확인했듯 지도자들이 돈을 새로 찍어낼 권한을 갖게 되고 그에 따른 부작용을 떠안는 것이 미래의 다른 지도자라면 그 유혹을 뿌리치기란 쉽지 않다.

이후 미국 정부는 대규모 사회복지 정책을 펼쳤고, 베트남에서 장기간 정쟁을 치렀으며, 러시아와 달 탐사 경쟁을 벌였다. 이 모든 것은 막대한 돈이 필요한 일이었고, 추가로 돈을 찍어 내지 않고서는 이뤄질 수 없는 일이었다. 상황을 인지한 다른 국가들은 달러에 대한 신뢰를 잃기 시작했다.

그들은 달러를 금으로 바꿀 수 없을지도 모른다는 걱정에, 실제로 미국에 달러를 되돌려주고 금을 요구하기 시작했다. 미국의 금 보유량은 빠르게 고갈되었고, 1971년 8월 15일 닉슨 대통령은 미국 달러의 금태환을 '일시적으로' 중단한다고 발표했다.[14] 즉 일시적으로 35달러는 금 1온스와 동일하지 않게 된 것이다. 사실상 달러는 어떤 금과도 교환되지 않는다. 이로써 일시적으로 미국 달러를 뒷받침하던 것이 사라져버렸다. 달러와 환율로 연동된 다른 통화들도 마찬가지 신세가 되었다. 그 '일시적' 조치는 50년이 지난 지금까지도 계속되고 있다.

많은 사람이 아직도 파운드, 달러 또는 다른 국가 통화의 가치를 뒷받침하는 무언가가 있다고 막연히 생각한다. 과거에 그랬으니 지금도 그럴 거라고 생각하거나 당연히 뭔가 있어야 한다고 느끼는 것이다. 하지만 1971년 그날 이후로 그런 전제 자체가 사라졌다. 원칙적으로 이는 정부가 원하는 만큼 자국 통화를 발행하는 것을 막을 수 있는 장치가 아예 없다는 것을 의미한다. 게다가 역사를 통해 볼 때 정부는 기회가 주어질 때마다 항상 그렇게 해왔다. 정부가 이런 능력을 행사하면 무슨 일이 발생할까? 이제 우리에게 꽤 익숙해진 3단계 패턴이 나타난다.

1. 통화량이 증가한다.
2. 각 통화 단위의 가치가 떨어진다. 즉 그 돈으로 살 수 있는 것이 줄어든다(구매력 감소).

3. 결과적으로 파운드, 달러 또는 다른 통화로 표시된 가격이 오른다(인플레이션 발생).

1단계는 20세기 후반과 21세기 초반 영국에서 통화량이 폭발적으로 증가한 이유를 알려준다. 〈그림 9〉에서 확인할 수 있듯 그 이전의 통화량은 도표에서 거의 보이지도 않는다.

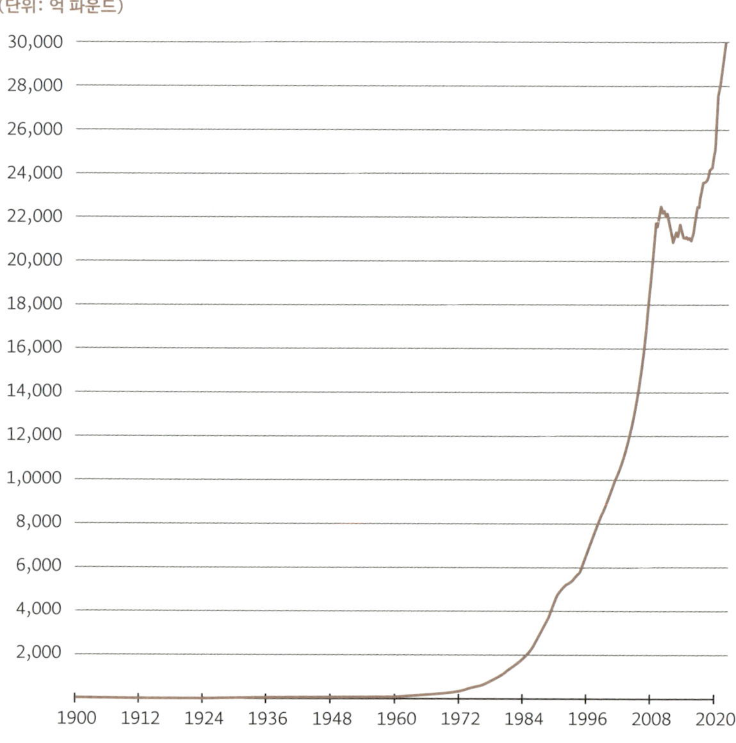

그림 9. 영국 광의의 통화(M4) 규모 추이(1900~2020)

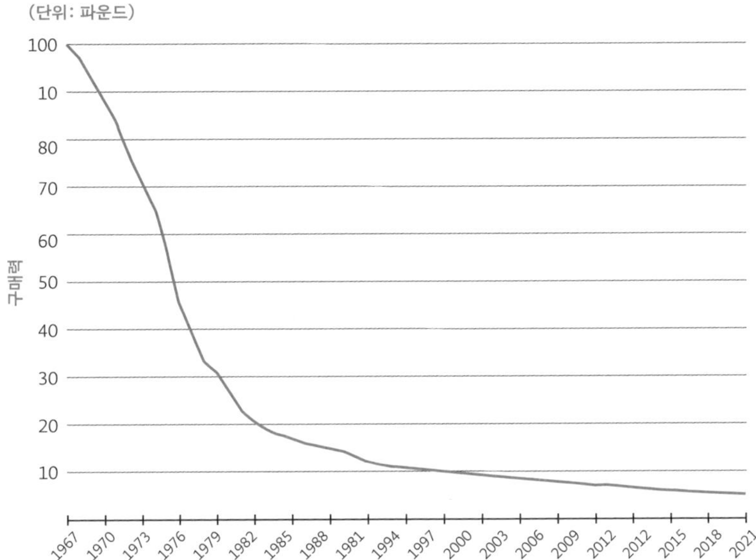

그림 10. 100파운드의 구매력 추이(1967~2021)

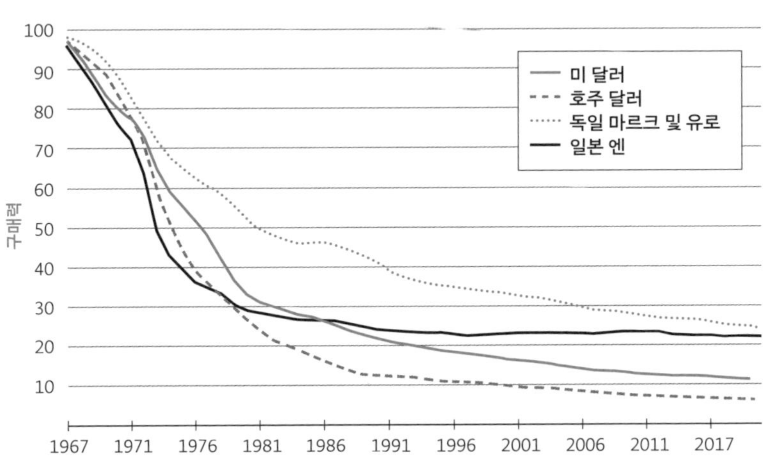

그림 11. 주요 통화의 구매력 추이(1967~2021)[15]

〈그림 10〉에서 볼 수 있듯 이 3단계 패턴은 파운드화의 구매력이 급감한 이유이기도 하다(2단계, 3단계도 마찬가지다).

이는 파운드화에만 해당하는 것도 아니다. 앞의 〈그림 11〉에서 볼 수 있듯 1970년대 이후 주요 통화들의 구매력이 크게 감소했다.

누가 돈의 가치를 통제하는가

1971년 닉슨 대통령이 금태환 중단을 발표한 이래로 우리는 완전히 새로운 금융 세계에 살고 있다. 과장이 아니다. 역사적으로 정부 발행 통화와 그 기반이 되는 '무언가'(주로 금) 사이의 연결고리가 약화되거나 끊어진 적은 있었지만, 적어도 원칙적으로는 그 개념이 항상 존재했다. 이제 역사상 처음으로 세계 주요 통화들은 정부가 가치를 보증한다는 이유만으로 가치를 지니게 되었다.

물론 이것이 반드시 나쁜 일은 아니라고 주장할 수도 있다. 분명 고정된 양의 금으로 엄격하게 뒷받침되는 통화는 극한 상황을 감당할 만한 유연성이 떨어진다. 그런 까닭에 전쟁 시기에는 일반적인 규칙이 무시되곤 했다(하지만 대량의 돈을 하룻밤 사이에 만들어낼 수 있다는 점이 대규모 전쟁을 가능하게 한다는 주장도 타당할 것이다. 따라서 정부에 더 많은 제약을 가하는 것이 더 나을 수도 있다). 통화 발행에 별다른 제약이 없다면 평시에도 정부가 유익한 방향으로 개입하기 쉽다. 예를 들어 경기침체로 인해 광범위한 실업이 발생할 경우, 정부는 사람들이 빈곤해지지 않도록 일자리나 복지를 제공하는 데 필요한 돈을 찍어낼 수 있다.

따라서 유연성은 긍정적일 수 있지만, 인간의 본성이 개입될 여지도 생긴다. 경제가 어려울 때 통화량을 늘리고, 상황이 좋아지면 폐기하거나 상환하는 방식이었다면 별문제가 없을 것이다. 그러나 초기 화폐 주조인부터 오늘날의 정부에 이르기까지, 우리는 돈의 가치가 일단 희석되고 나면 다시는 회복되지 않는다는 것을 확인했다. 그리고 1971년 이후, 화폐 발행을 통제하는 마지막 실질적 제약이 '일시적으로' 중단되면서, 우리는 그 어느 때보다 훨씬 더 많은 돈의 창출을 목격했으며, 이는 구매력에 막대한 영향을 미쳤다. 나중에 보겠지만 그 영향은 모든 사람에게 균등하게 돌아가지 않는다. 새로 만들어진 돈의 원천에 더 가까운 사람들 또는 애초에 더 많은 돈을 가진 사람들은 종종 혜택을 누리지만, 나머지 사람들은 고통을 겪는다.

1971년이 돈의 역사에서 결정적인 분기점이었다면, 우리 모두가 기억하고 있을 또 다른 결정적인 해는 2008년과 2020년이다. 이 두 해에 무슨 일이 있었는지, 그리고 그것이 당신의 돈에 어떤 영향을 미치는지 우리는 곧 살펴보게 될 것이다.

그에 앞서 다음 2가지 질문에 답할 필요가 있다. 언제든지 원하는 만큼 돈을 찍어낼 수 있다면 누가 그 양을 정하고, 누가 실제로 돈을 만들어내는가? 답은 당신이 생각하는 것보다 훨씬 기묘하다.

돈의 가치는 시장에서 형성된다.

하지만 그 질서를 정하는 힘은 언제나 권력에게 있다.

역사는 단 하나의 진실을 반복한다.

돈을 통제할 권력을 가진 자는

언제나 그 유혹을 받아들인다.

왕들은 동전의 은 함량을 줄였고

정부는 금 보유량을 초과해 지폐를 찍었다.

이것은 인간 본성의 패턴이다.

그리고 1971년,

돈은 금과의 마지막 연결마저 끊고

순수한 약속(법정화폐)이 되었다.

이제 돈의 팽창을 막을 제약은 없다.

당신이 버는 돈은 '무'에서 '유'로 창조된다

돈의 창출 시스템과 금리의 역할

“은행은 허공에서
돈을 만들어내고,
우리는 그 빚 위에서 살아간다.”

2009년 9월, 영국 경찰은 위조지폐 범죄조직을 오래 수사한 끝에 런던 서부 치직에 있는 한 아파트를 급습했다. 83세의 데니스 핸콕스가 소유한 이 아파트에는 500만 파운드 상당의 위조지폐를 찍어낸 인쇄기가 있었고,[1] 이들은 위조지폐를 액면가보다 약간 낮은 가격에 팔았다. 핸콕스는 고령이라는 이유로 실형은 면했으나, 그를 제외한 다른 일당은 총 13년형을 선고받았다.

돈을 만드는 일이 무조건 불법인 것은 아니다. 불과 8개월 전, 범죄 현장으로부터 동쪽으로 16킬로미터 떨어진 곳에서 영국은행은 위조범들이 만든 금액의 약 4만 배에 달하는 신규 화폐를 한 달 만에 '인쇄'했다.[2] 총 2,000억 파운드였다. 당시 영국은행 총재였던 머빈 킹Mervyn King은 이후 기사작위를 받았고, 몇 년 후에는 상원의원 자리에 올랐다.

여기서 얻을 수 있는 교훈은 무엇일까? 당신과 나는 '무에서 유를 창조하는 돈 만들기'를 할 수 없지만, 특권을 지닌 기관에서 일하는 사람들은 그런 일을 시도해 성공하면 훈장을 받을 수도 있다는 것 아닐까? 그리고 중요한 건 돈을 창조할 수 있는 기관이 영국 은행 하나만이 아니라는 사실이다. 소수의 다른 특권 기관도 그 일을 할 수 있으며, 우리는 이 장의 후반부에서 그들을 만나게 될 것이다. 사실 그들 중 일부는 우리가 눈치채지 못하는 사이 우리 앞에서 버젓이 그런 일을 했을지도 모른다.

돈을 얼마나 찍어낼지
누가 정하는가

이제 돈을 뒷받침하는 것 없이도 얼마든지 새로 만들 수 있는 체계가 되었다. 그렇다면 이제는 얼마나 많은 돈이 필요한지 결정할 누군가가 필요하다.

당신이 어떻게든 면접을 뚫고 그 일을 맡게 되었다고 잠깐 상상해보자. 어디서부터 시작해야 할까? 근무 첫날 당황해서 나에게 전화한다면, 나는 이렇게 조언할 것이다.

"일단 일정 기간 동안의 재화와 서비스 생산량 변화부터 계산해봐요. 그리고 그 변화에 맞춰 통화량을 늘리거나 줄이면 되겠죠."

아주 간단한 수요와 공급 측면에서 추가로 유통되는 돈의 양이 새롭게 제조 및 판매되는 상품의 양과 일치한다면, 물가는 안정될 것이고 이는 합리적인 상황으로 보인다.

하지만 고려해야 할 게 하나 있다. 정부는 완전한 물가 안정을 원하지 않는다. 정부는 적당한 인플레이션을 원한다(목표 연 2퍼센트). 즉 물가는 시간이 지남에 따라 서서히 상승해야 한다는 뜻이다. 따라서 결정권자는 실제로 필요하다고 생각하는 통화량을 약간 초과하는 수준을 목표로 삼을 것이다. 그래야 물가를 완만하게 상승시키는 효과를 가져올 것이기 때문이다.

좋다. 그렇다면 물가 안정을 위해 필요한 통화량을 계산한 다음, 그 위에 조금 더 추가하면 될까? 꼭 그렇지는 않다. 유통되는 통화량과 전혀 상관없는 갖가지 요인이 물가 변동에 영향을 미치기 때문이다. 3장에서 언급한 유가 등의 문제도 그중 하나다. 따라서 안정적이면서도 약간 상승하는 수준으로 물가를 유지하려면, 통화량을 결정하는 사람은 모든 가능한 요인을 예상하고 그에 따라 통화량을 완벽하게 조절해야 한다.

벌써 머리 아픈 일처럼 들리는가? 아직 끝이 아니다. 정부는 단순히 경제 흐름에 맞춰 돈만 공급하는 것이 아니라 통화량을 조절해서 경제의 생산량에 영향을 미치고 싶어한다. 예를 들어 경제 전망이 좋지 않은 시기에는 기업들이 문을 닫고, 사람들은 일자리를 걱정하며 소비를 줄이고, 그 결과 더 많은 기업이 도산하는 악순환이 시작될 수 있다. 이럴 때 정부는 돈을 추가로 투입해 수요를 유지하고 일자리 감소를 막고 사람들이 소비할 수 있게 만들어야 한다.

특별히 어려운 시기가 아니더라도 사람들이 더 쉽게 자금을 확보할 수 있다면 새로운 사업이 늘고, 생산이 증가하며, 경제가 빠르게 성장할 가능성이 있다. 예를 들어 금리가 낮아서 돈을 빌리기 쉽다면 기업가들은 자금을 대출받아 새로운 사업에 뛰어들 것이다. 그 결과 혁신이 탄생할 수 있다.

하지만 여기에도 균형이 필요하다. 너무 많은 돈이 '오랫동안' 풀리면, '살 수 있는 물건'의 양보다 '돌아다니는 돈'의 양이 훨씬 많아지게 되고, 결국 물가가 빠르게 치솟을 수 있다.

얼마나 많은 돈을 창출해야 하는지 결정하는 책임을 맡지 않아서 다행이라는 생각이 드는가? 당신을 탓할 일이 아니다. 이건 소수의 사람들로 구성된 위원회가 결정하기엔 너무 복잡한 일이기 때문이다. 그래서 우리는 다음 장에서 실제로 돈을 얼마나 만들지 결정하는 구조가 얼마나 복잡하고 기묘한지 살펴볼 것이다.

금리 조절이라는 마법의 레버

지금까지 나는 통화량을 결정하는 주체를 '정부'나 '정부 관계자'라고 지칭했지만 현실은 좀 더 복잡하다.

1971년 금본위제가 종식된 후, 각국의 정부들은 자국 통화의 가치를 설정하고 돈을 얼마나 창출할지에 대해 갑자기 훨씬 더 많은 자유를 누리게 되었다. 하지만 시점이 여의치 않았다. 1970년대는 인플레이션이 특히나 높았던 시기였기 때문이다. 영국에서는 1975년 인플레이션율이 무려 24퍼센트까지 치솟았고,[3] 1970년대

내내 7퍼센트 아래로 내려간 적이 없었다. 정부는 일정 수준의 인플레이션을 선호하지만 이는 지나친 수준이었다. 실업률까지 겹칠 경우, 광범위한 고통과 사회 불안을 초래할 수 있다. 실제로 이 시기 영국에선 임금 상승이 인플레이션 속도를 따라가지 못했고 이에 노동조합들은 파업에 들어갔다. 이로 인해 석탄 생산량이 부족해져 기업들이 일주일에 3일만 전기를 사용할 수 있었기 때문에 '주 3일 근무제'가 도입되었다.

1970년대에 발생한 인플레이션의 원인은 복잡하며 정부 정책의 책임을 묻는 데는 여러 해석이 있지만, 정치인들이 통화량을 관리해서는 안 된다는 공감대가 형성되었다. 그 이유가 무엇일까? 기본적으로 정치인들은 인기를 얻고 선거에서 이기고 싶은 욕망 때문에 너무 급하게 많은 변화를 추구하고, 단기적으로 힘들지만 장기적으로 도움이 되는 조치를 취하기를 꺼리기 때문이다. 해결책은 무엇일까?

이 문제를 해결하기 위한 대안으로 떠오른 것이 바로 중앙은행이었다. 중앙은행은 엄밀히 말하면 정부 기관이긴 하지만 통화정책에 관해서는 운영의 독립성을 보장받는다. 즉 정권의 눈치를 보지 않고 보다 중립적인 관점에서 통화량과 금리를 조절하도록 설계된 것이다.

통화량에 관한 책임을 중앙은행에 이관하기 위해 도입된 제도가 이른바 '물가안정목표제inflation targeting'다. 사실상 '정부가 목표로 하는 인플레이션 수준을 달성하고, 그러기 위해 필요하다고 생각하는 모든 조치를 취하라'는 의미다. 1989년 뉴질랜드가 처음으로 이 방식을 채택했으며,[4] 이후 3년 동안 영국, 캐나다, 스웨덴, 호주도 합류했다. 미국은 2012년에, 일본은 2013년에, 인도는 2016년에 이 방식을 도입했다. 오늘날 27개국이 이 방식을 따르고 있다.

영국은행은 정부가 경제성장과 고용 목표를 달성할 수 있도록 지원해야 한다는 부차적인 임무를 지고 있지만,[5] 이로 인해 인플레이션 목표치 달성이라는 주된 목표에 지장이 생겨서는 안 된다. 마찬가지로 미국의 연방준비제도는 물가 안정(실제로는 완만한 물가 상승을 의미함)과 고용 극대화를 균형 있게 유지해야 하는 '이중 임무'를 띤다.[6]

그렇다면 중앙은행은 정확히 어떻게 이 목표를 달성할까? 직관적으로 생각하면 필요할 때 돈을 찍어내고, 유통량을 줄이고 싶으면 회수해 파기하면 될 것 같다. 그들은 실제로 그렇게 할 수 있는 권한이 있다. 하지만 놀랍게도 현실에서 중앙은행이 직접 돈을 만들어내는 일은 거의 없다. 오늘날 우리가 사용하는 돈의 대부분은 중앙은행이 아니라 산탄데르 은행Banco Santander(스페인 은행이자 유럽의 대표적인 은행-옮긴이), HSBC 같은 시중은행에서 만들어진다. 왜 그럴까?

중앙은행이 직접 돈을 만든다고 해도 여전히 가장 어려운 문제는 남는다. '얼마나 많은 돈이 필요한가?'를 판단하는 일이다. 아무리 독립적이고 신중한 중앙은행이라 해도 경제 상황을 완벽히 파악하고 모든 사람과 기업의 반응을 예측할 수는 없다. 이는 사실상

'전지전능'한 능력을 요구하는 일이다.

그래서 오늘날 통화 시스템은 좀 더 복잡한 방식으로 구성되어 있다. 시중은행이 실질적으로 돈을 만들되 중앙은행은 그들의 행동을 유도하고 조절하는 역할을 맡는다. 다시 말해 중앙은행은 돈을 직접 만들지 않고, 시중은행이 돈을 많이 혹은 적게 만들도록 특정 조치를 통해 영향력을 행사하는 것이다.

좋다. 그렇다면 어떤 종류의 조치를 말하는 걸까? 중앙은행이 시중은행과 협력해온 돈 창출 문제를 해결하는 구체적인 방법은 무엇일까? 중앙은행에 관한 연구에 전념하는 경제학자들조차 그 세부 작동 방식을 두고 이견이 많고, 정치인들이나 금융 관계자들도 그 구조를 정확히 이해하지 못한다. 그래서 이 책에서는 독자의 이해를 돕기 위해 핵심 원리만 간결하게 설명하겠다.

우리는 이제 돈의 대부분은 시중은행에서 만들어진다는 사실을 알게 되었다. 그렇다면 이제 그들이 어떻게 돈을 만들어내는지, 그리고 중앙은행은 어떤 방식으로 그 흐름에 영향을 미치는지를 알아볼 차례다.

은행은 어떻게
새로운 돈을 만들어내는가

사람들은 은행을 흔히 예금자와 차입자 사이의 중개 기관 정도로 생각한다. 설령 과거엔 그랬을지 몰라도 지금은 아니다. 오늘날 은행의 대출 능력은 예금자들이 얼마나 많은 돈을 예치했는지와 거의 관련이 없다. 사실 은행은 원할 때마다 대출을 실행하며, 이 과정에서 새로운 돈이 창출된다.

예를 들어 아담이라는 사람이 사업을 시작하기 위해 10만 달러를 대출받으러 은행에 갔다고 가정하자. 은행은 그의 상환 능력을 평가하기 위해 몇 가지 확인 절차를 진행하지만 금고로 내려가 예금자들이 예치한 10만 달러를 확인하지는 않는다. 그것은 직접적으로 중요하지 않기 때문이다. 만약 은행이 아담에게 대출 자격이 있다고 판단한다면, 은행 직원은 그의 계좌를 열고 '1' 뒤에 '0' 다섯 개를 입력할 것이다. 이게 전부다. 10만 달러는 문자 그대로 숫자를 입력해서 생겨난 새로운 돈이며, 아담은 그 돈으로 사업을 시작할 수 있다. 모든 항목의 균형을 이뤄야 하는 회계 용어로 말하자면, 은행은 이제 새로운 부채(아담에게 입금한 10만 달러)와 새로운 자산(원금 10만 달러와 이자를 갚겠다는 약속)을 갖게 된다. 이 두 항목은 대출 행위 자체에 의해 생성되었다. 돈은 다른 어딘가에서 가져오지도 않았고 대출이 실행되기 전에는 존재하지 않았다.

아담이 대출을 갚으면 그 반대 상황이 전개된다. 즉 돈의 존재가 사라진다. 10만 달러가 찍혀 있던 아담의 대출계좌는 0이 되고 은행의 자산과 부채는 사라진다. 경제에 있는 전체 통화량은 대출이 발생할 때 증가하고, 대출이 상환될 때 감소한다.

돈의 창출이 이렇게 간단한 입력만으로 이루어진다는 사실을 납득하기 힘들 수 있다. 뭔가 옳지 않은 일로 느껴지기도 한다. 누군 가가 돈을 저축해야 다른 사람이 그 돈을 빌릴 수 있는 것이 아닌 가? 그렇지 않다. 경제학자이자 작가인 J. K. 갤브레이스^{J. K. Galbraith} 는 이렇게 표현했다. "은행이 돈을 창출하는 과정은 너무나 간단해 서 오히려 당황스럽다. 그렇게 중요한 일이라면 좀 더 신비롭기라 도 해야 할 것 같다."[7]

그렇다면 중앙은행도 아닌 시중은행이 이렇게 마음대로 돈을 만 들어내는 것이 과연 괜찮은 일일까? 얼핏 들으면 위험해 보이지만, 실은 그렇게까지 터무니없는 구조는 아니다. 지금처럼 복잡하고 역 동적인 경제에서는 실제 대출 수요, 즉 사람들이 '얼마를 빌리고 싶 어하는가'에 따라 통화량이 결정되도록 하는 편이 중앙은행 회의실 에 모인 몇몇이 정한 숫자보다 실제 경제에 필요한 금액에 더 근접 할 가능성이 높다.

하지만 이 시스템에는 충돌 가능성이 존재한다. 시중은행이 '어 디서 가져온 돈'이 아니라 '지금 막 만들어낸 돈'을 대출해줄 수 있 다면, 이론상으로는 대출의 한계가 없어진다. 그런데 은행은 대출 할 때마다 이자와 수수료를 벌 수 있기 때문에, 가능하다면 누구에 게나 대출을 해주고 싶은 유혹이 생긴다. 그렇다면 은행들이 이런 일을 하지 못하도록 제어하는 방법은 무엇일까?

어느 정도까지는 은행들이 자율적으로 통제한다. 비록 그들이 대 출 자금을 허공에서 만들어내긴 하지만, 차입자가 그 돈을 갚지 못 하면 은행은 실제 손실을 입기 때문이다. 예를 들어 아담이 대출받은 10만 달러를 모두 현금으로 인출해 웨일스에 있는 체프스토 경마장Chepstow racecourse의 3시 20분 경기에서 모두 탕진하고 파산해버렸다면, 아담에게 빌려준 돈이 단순히 컴퓨터에 입력된 숫자였다고 해도 은행은 실제로 10만 달러를 잃게 된다(좀 덜 극적인 시나리오로 그가 사업에 돈을 쓰고 실패해서 빚을 못 갚는 경우도 마찬가지다).

하지만 이것만으로는 충분하지 않기 때문에 중앙은행은 다음 2가지 방법을 통해 대출 규모에 영향을 미친다.

첫째는 '규제'다. 각국 중앙은행은 시중은행이 대출할 수 있는 비율을 정하는 기술적 규제 기준을 설정한다. 이는 은행이 보유한 자산 대비 얼마까지 대출을 늘릴 수 있는지를 제한하며, 이 비율은 시기에 따라 조정될 수 있다. 이 방식은 꽤 직관적이다. 설령 간접적일지라도 '은행은 딱 얼마까지만 빌려줄 수 있어'라는 식의 어떤 규제가 있어야 할 것이라는 직감을 따르는 셈이다.

둘째는 좀 더 눈에 잘 띄지 않는 방식인 '대출 비용(금리)'이다.

금리가 곧
돈의 값인 이유

애초에 아담 같은 사람들이 대출을 받을지 말지 결정하는 데 영향을 미치는 요소는 무엇일까? 다른 모든 구매 결정과 마찬가지로 가격이 중요한 요소다. 대출금리가 10퍼센트일 때보다는 1퍼센트일 때 돈을 빌릴 가능성이 더 높다. 예를 들어 소비자 입장에서는 대출금리가 1퍼센트라면, 여름 휴가 계획을 포기하려던 개인들이 대출을 받아 휴가비를 마련할 가능성이 높아진다. 상환 부담이 덜하기 때문이다. 기업 입장에서는 더 많은 직원을 고용하거나 새로운 기계설비에 투자하기 위해 대출을 받을 가능성이 높다. 이자 부담이 적어서 생산성 향상에 따른 이익으로 이자 비용을 충분히 상쇄할 수 있기 때문이다. 정리하자면 다음과 같다.

- 중앙은행은 시중은행이 창출하는 돈의 양을 조절하고 싶어 한다. 이는 경제 내 통화량에 영향을 미치고, 결국 인플레이션에도 영향을 주기 때문이다.
- 시중은행은 사람들이 대출을 받을 때 돈을 창출한다.
- 대출금리가 낮을수록 더 많은 사람이 대출을 받으려 하고, 그만큼 새로 창출되는 통화량도 늘어난다. 반대로 대출금리가 높아지면 대출 수요가 줄고, 통화량도 줄어든다. 심지어 대출을 받는 사람보다 상환하는 사람이 더 많다면 돈이 사라질 수도 있다.
- 따라서 통화량을 조절하기 위해 중앙은행은 시중은행이 개인이나 기업에 부과하는 대출금리와 예금금리에 영향을 미칠 필요가 있다.

그렇다면 중앙은행은 시중은행이 부과하는 대출금리에 어떻게 영향을 미칠까? 은행이 돈을 창출하는 데 드는 비용을 통제함으로써 가능하다. 이때 중요한 도구가 바로 기준금리^{base rate}다. 국가마다 용어를 달리 쓰기도 한다. 예를 들어 미국의 연방준비제도는 이를 연방기금금리^{Fed Funds rate}라고 부른다. 여기서는 기준금리로 통칭하겠다.

기준금리가 무엇이고 왜 중요한지 이해하려면, 중앙은행이 은행들 전용 프라이빗뱅크와 같다는 사실을 먼저 알아야 한다. 일반인은 중앙은행에 계좌를 가질 수 없지만, 모든 시중은행은 중앙은행 계좌를 가지고 있으며, 이를 통해 은행들은 서로 간의 송금 금액을 정산한다. 예를 들어 바클레이즈은행 고객이 HSBC 고객에게 100파운드를 송금할 경우, 은행들은 그 즉시 돈을 보내지 않고 하루 영업이 끝날 때까지 기다렸다가 반대 방향으로 이루어진 송금액을 제하고 남은 차액을 정산한다. 즉 하루 동안 바클레이즈 고객들이 HSBC 고객들에게 송금한 금액이 그 반대의 경우보다 1억 파운드 더 많다면, HSBC는 자신의 영국은행 계좌에서 바클레이즈의 영국은행 계좌로 1억 파운드를 송금해야 한다.

은행들은 장부를 마감할 때 HSBC가 바클레이즈에 "죄송하지만 오늘은 돈이 좀 부족합니다"라고 말하는 등의 상황이 벌어지지 않도록 중앙은행 계좌에 항상 일정 잔고를 유지한다. 만약 어떤 은행이 돈이 떨어진 것처럼 보인다면, 이는 단순히 해당 은행의 평판뿐만 아니라 금융 시스템 전체에 대한 신뢰가 무너지는 재앙이 될 것이다. 시중은행이 중앙은행 계좌에 예치하는 돈을 은행 지급준비금(또는 간단히 '준비금')이라고 한다. 이 준비금은 실질적으로 시중은행과 중앙은행 간에만 사용되는 별개의 통화다. 은행 지급준비금은 개인에게 대출해줄 수 없고, 개인의 은행 예금도 준비금으로 사용할 수 없다.

은행이 대출해주는 돈이 많아질수록 중앙은행에 예치해야 하는 준비금의 규모도 커진다. 왜 그럴까? 은행이 아담을 위해 10만 파운드를 허공에서 창출한 경우, 아담은 그 돈을 계좌에 그대로 두지 않을 것이다. 그가 다른 은행들의 고객으로부터 상품을 구매하고 그 대금을 송금하게 되면, 아담의 은행은 다른 은행들과 정산해야 할 필요가 생긴다. 은행은 예금자들로부터 예금을 유치함으로써 이를 일부 상쇄할 수 있다. 물론 모든 은행이 같은 일을 하므로 어느 정도는 상쇄되지만, 은행이 대출을 더 많이 할수록 잠재적인 일일 '변동 금액'이 커지게 된다. 따라서 은행은 어느 날 자사의 계좌에서 다른 은행으로 가는 자금에 큰 변동이 발생할 경우를 대비해 중앙은행 계좌에 지급준비금을 충분히 쌓아둬야 한다.

재미있지 않은가? 그렇다면 이 모든 것이 기준금리와 어떤 관련이 있을까? 중앙은행이 각 시중은행의 계좌를 대하는 방식은 시중은행이 당신의 계좌를 대하는 방식과 비슷하다.

- 중앙은행은 시중은행이 중앙은행 계좌에 예치한 지급준비금에 대해 이자를 지급한다.
- 중앙은행은 자금이 바닥날 위기에 처한 시중은행에게 마치 마이너스 통장처럼 준비금을 불려줄 경우 이자를 부과한다.

중앙은행이 준비금에 대해 지급하거나 부과하는 이자율을 가리켜 기준금리라고 한다. 그리고 중앙은행은 기준금리를 조정함으로써 시중은행이 개인과 기업에 대출할 때 적용하는 금리에 영향을 미친다. 앞서 간단히 언급했지만 이 기준금리가 실제로 어떻게 작동하는지 살펴볼 차례다.

1. 기준금리가 오르면, 시중은행의 대출 비용이 증가한다.

시중은행이 대출을 늘리면 그에 따라 중앙은행에 충분한 예치금을 보유해야 하는데, 기준금리가 상승하면 그 준비금을 빌리는 데 더 많은 비용이 들어간다. 반대로 준비금이 충분하다면 중앙은행 계좌에 준비금을 그냥 두면서 이전보다 더 높은 이자를 챙길 수 있다. 따라서 고객에게 대출할 때 더 높은 이자를 부과해야 그들이 대출을 통해 이득을 볼 수 있다.

2. 기준금리가 내리면, 시중은행의 대출 비용이 감소한다.

은행은 준비금이 부족하더라도 중앙은행에서 더 저렴하게 돈을 빌릴 수 있다. 반면 준비금이 넉넉하다면 준비금에서 얻는 이자 수익이 이전보다 줄어들어 차라리 더 낮은 금리로라도 고객에게 대출해주는 편이 은행 입장에서 합리적이다.

이제 2가지 시나리오가 실제로 어떻게 작용하는지 예를 들어보겠다. 가상의 시중은행이 중앙은행에서 준비금을 빌리거나 준비금을 예탁하는 경우 3퍼센트 금리가 적용된다고 가정해보자. 은행은 고객에게 5퍼센트의 금리로 대출해줄 수 있을 것이다. 여기에는 비용과 수익을 보전할 수 있는 2퍼센트의 '마진'이 포함돼 있다. 이제 중앙은행이 기준금리를 1퍼센트로 인하하면 어떻게 될까?

이제 은행은 3퍼센트 금리로 대출을 해도 여전히 2퍼센트의 마진을 유지할 수 있다. 분명 5퍼센트 때보다 3퍼센트일 때 돈을 빌리려는 사람이 많을 것이다. 따라서 금리가 낮아지면 경제 내 돈의 수요가 증가하고, 은행들은 이러한 수요를 기꺼이 충족시키기 위해 새로운 돈을 만들어 대출해주며 그 대가로 수익을 얻게 된다.

결론은 이렇다. 중앙은행은 기준금리 하나만으로 대출 비용(금리)에 영향을 미칠 수 있고, 이를 통해 시중은행의 대출 규모에 영향을 미치며, 결국 경제 전체 통화량에 영향을 미치게 된다. 만약 중앙은행이 기준금리를 적절히 설정하면 은행은 적정한 양의 돈을 대출하도록(창조하도록) 유도하며, 그 결과 중앙은행이 목표로 삼는 완만한 수준의 인플레이션을 만들어낼 것이다.

돈이 돈을 낳는
시스템의 지속 가능성

복잡하지만 어느 정도 이해 가능한 방식으로 중앙은행이 통화 창출량에 영향을 미치는 주요 메커니즘을 알아냈다. 모든 설명을 마쳤으니 이제 복습할 시간이다.

- 중앙은행은 은행에 돈을 공급하는 가격(즉 기준금리)을 조정함으로써 은행이 고객들에게 적용하는 대출금리에 영향을 준다.
- 고객이 체감하는 그 대출의 '가격'이 실제 대출 수요를 좌우한다. 돈을 빌리는 비용(금리)이 높으면 수요는 줄고 낮으면 늘어난다.
- 대출이 일어날 때 돈이 창출되므로 은행의 대출량은 경제 내 통화량에 영향을 미친다.
- 다른 조건이 동일할 경우 경제에 유입되는 돈이 많아질수록 인플레이션율은 높아지고, 반대의 경우 낮아진다.

인플레이션이 목표치에 못 미치고 중앙은행이 상황을 개선하고자 한다면, 기준금리를 낮춰 대출을 늘리도록 유도할 수 있다. 반대로 인플레이션이 과열되면 기준금리를 올려서 신규 대출의 양을 줄이고, 기존 대출이 상환되는 과정에서 돈이 소멸되도록 만들어 경제 전체의 통화량을 줄일 수 있다.

이론상 그렇다. 이런 가격 메커니즘에도 불구하고 중앙은행이 실제로는 통화 창출을 크게 통제하지 못한다는 주장이 있다. 우선 잠재적인 차입자들이 대출 비용의 변화에 어떻게 반응할지 알 수 없다. 대출 비용이 1퍼센트 낮아지면 돈에 관한 수요가 조금 늘어날지, 크게 늘어날지는 예측 불가능하다. 은행의 반응도 마찬가지다.

은행들은 경제 전반에 대한 신뢰도나 다양한 다른 요인들에 따라 더 높거나 낮은 '마진'을 수용할 수도 있으며, 혹은 차입자의 채무 불이행을 우려해 얼마가 되든 간에 아예 대출을 꺼릴 수 있다.

그렇다면 실제 데이터를 살펴보자. 영국의 경우 물가안정목표제가 도입된 1990년대 중반부터 2020년까지 약 30년 동안 공식적인 인플레이션 지표는 2011년의 3.86퍼센트가 최고치였고 2015년의 0.37퍼센트가 최저치였다.[8] 대부분의 해에는 1.5~2.5퍼센트 사이에 머물렀다. 2012년 물가안정목표제를 공식 채택하기 전에도 연방준비제도에 물가 안정 임무를 부여했던 미국에서는 인플레이션율 최고치가 3.84퍼센트였으며, 0 아래로 떨어진 적은 단 한 번뿐이었다.[9] 호주의 경우 인플레이션율이 더 높아서 4.63퍼센트의 정점을 찍기도 했지만,[10] 이는 물가안정목표제를 도입하기 전보다 훨씬 낮은 수준이었다.

이러한 결과는 1970년대의 통제 불가능하고 매우 심각한 인플레이션과는 상당한 차이가 있다. 이것이 물가안정목표제의 효력을 입증하는 것일까, 아니면 순전히 운이 좋았던 것일까? 안타깝게도 단정할 수 없다. 경제학의 고질적인 문제인데, 하나의 정책만 제외하고 나머지를 모두 동일하게 유지한 채 같은 기간을 다시 실험해볼 수 없기 때문이다.

게다가 물가가 오랫동안 안정적이었던 시기에도 영국 금융 중심가인 스레드니들가(영국은행이 위치한 거리-옮긴이)에서 늘 축배만 들었던 건 아니다. 몇 가지 이유 때문이다. 첫째, 2008년 금융위기 이후에는 기준금리 조정 방식이 더 이상 효력를 발휘하지 못했고, 인플레이션율이 계속해서 낮은 수준에 머물렀기 때문이다. 이에 따라 영국은행은 목표 달성의 가능성을 높이기 위해 전례 없는 조치를 취할 수밖에 없었다. 둘째, 코로나19 팬데믹 이후 인플레이션율이 갑자기 반대로 움직여 통제 불능 상태에 빠졌다. 이 두 사건은 그 자체로 중요한 만큼 각각 별도의 장에서 다룰 것이다.

그 전에 먼저 다뤄야 할 주제가 있다. 대출과 부채에 관한 것인데 이 둘은 매우 밀접하게 관련되어 있다. 대출은 화폐 창출의 중요한 부분이고, '적정' 수준의 인플레이션을 유지하기 위해 필요하다. 그런데 대출은 기꺼이 빚을 지려는 차입자가 있어야만 가능하다.

그렇다면 이 모든 부채를 감수하는 사람들은 누구일까? 그들은 왜 그렇게 할까? 그리고 부채로 인해 발생하는 경제적 효과는 무엇일까? 다음 장에서 알게 되겠지만 지난 50년 동안 경제를 급격히 변화시킨 또 다른 요소가 바로 부채의 역할이다.

누가 돈을 만드는가?

오늘날 돈의 대부분은 중앙은행이 아닌

시중은행이 만든다.

당신이 대출을 승인받으면

직원은 컴퓨터에 숫자를 입력한다.

그 숫자가 바로 새로운 돈이다.

은행은 단순한 중개인이 아니다.

은행은 대출을 통해 새로운 돈을 만들고

우리는 그 신용 위에서 생활한다.

그리고 당신이 대출을 갚는 순간,

그 돈은 세상에서 사라진다.

당신의 부채는 자산인가, 위험인가

자본주의는 빚으로 굴러간다

"경제의 성장은
대출의 팽창 위에 쌓아올린
모래성일 뿐이다."

이전 장에서는 일반적인 통념과 달리 은행이 단순히 예금자의 돈을 대출해주는 기관이 아니라는 점을 살펴봤다. 실제로 시중은행의 주요한 역할 중 하나는 경제 내에서 돈을 창출하는 일이다. 은행은 대출 과정에서 돈을 만들어내며, 대출 규모는 주로 사람들이 얼마나 빌리기를 원하는가에 따라 결정된다. 그리고 이러한 대출 수요는 중앙은행이 설정한 가격, 즉 기준금리의 영향을 받는다.

따라서 우리가 금융 세계를 이해하려면 빚을 지고 대출을 받으려는 사람들을 이해해야 한다. 기꺼이 빚을 지려는 사람이 없다면 대출도 없고, 따라서 돈의 창출도 제한적일 것이다. 그렇다면 누가 돈을 빌리고 있을까? 그들은 얼마나 많은 돈을 빌리고 있을까? 그들이 돈을 빌리는 이유는 무엇일까? 이런 모든 대출이 사회에 미치는 영향은 과연 무엇일까? 이러한 질문들이 이번 장에서 우리가 답하게 될 주요 쟁점들이다.

이 장에서는 '정부를 제외한 모든 주체'를 의미하는 민간 부문 대출에 대해서만 논의할 것이다. 정부 또한 엄청난 차입자이지만 정부의 재정에 대한 심도 있는 분석은 다음 장에서 다루려고 한다.

부채는 숫자보다
'비율'이 중요하다

한 경제 내에서 발생한 총부채액을 단순히 합산하는 일은 어렵지 않다. 하지만 국가와 시기별로 비교하려면 절대 수치에 집중하기보다는 경제 규모 대비 부채의 크기를 보는 것이 더 의미 있다.

경제 규모는 보통 GDP(국내총생산)로 측정한다. 이는 통상 '일정 기간(보통 1년) 동안 특정 경제 내에서 생산된 재화와 서비스의 가치'를 뜻한다. 한 국가의 GDP를 살펴보는 것은 그 자체로 유용한데, '영국에서 올해 작년에 비해 얼마나 많이 생산했는가?'와 같은 질문에 답할 수 있기 때문이다. GDP 수치가 줄어든다는 것은 생산이 감소했다는 뜻이므로 일자리 감소나 기업 도산으로 이어질 수 있는 나쁜 신호다. 참고로 '경기침체'라는 용어는 GDP가 최소 두 분기 연속 감소하는 것을 말한다.

경제 규모 대비 부채의 크기를 측정하고자 할 때는 'GDP 대비 국가부채 비율'이라는 놀라울 정도로 간단한 계산식을 사용한다. 예를 들어 가상의 숫자를 사용해 설명하면 다음과 같다.

- 영국의 GDP는 2조 파운드다.

- 영국의 총부채는 1조 파운드다.
- 따라서 총부채를 GDP로 나누면 'GDP 대비 부채 비율'은 0.5, 즉 50퍼센트가 된다.

이 비율에서 부채 부분은 민간부채일 수도 있고, 정부부채(공공부채)일 수도 있으며, 둘 다를 의미할 수도 있다. 어떤 종류의 부채를 가리키는지는 문맥상 항상 명확해야 한다. 이 장에서는 민간부채만을 다루기 때문에, 여기서 말하는 부채는 모두 민간부채를 뜻한다.

또한 부채 비율이 시간에 따라 어떻게 변하는지를 살펴보는 것도 의미가 있다. 예를 들어 부채 비율이 50퍼센트에서 60퍼센트로 증가했다면, 이는 생산량이 늘어나는 속도보다 더 빠르게 빚이 증가하고 있다는 뜻일 수 있다. 이것은 향후 위험 신호가 될 수도 있다.

이제 대출 규모를 측정하는 도구로 GDP 대비 부채 비율을 알게 되었으니, 실제로 누가 이렇게 많은 빚을 지고 있는지 살펴보자.

기업은 왜
돈을 빌리는가

대부분의 기업은 다음과 같은 다양한 목적으로 어느 정도 부채를 활용한다.

- 수요에 대비해 더 많은 재고를 비축하기 위해

- 생산성을 높이려는 목적으로 새로운 장비에 투자하기 위해

- 경쟁사를 인수하거나 성장을 가속화하기 위해

- 시장을 선점하거나 수요를 맞추려고 더 많은 직원을 고용하기 위해

- 충분한 매출이 발생하기 전까지 신규 사업을 궤도에 올리기 위해

- 사업이 어려워 당장의 운영 자금을 마련하기 위해

이 외에도 여러 가지 이유로 기업은 빚을 진다.

중소기업은 개인이 은행에서 대출을 받는 것과 같은 방식으로 은행에서 대출을 받는다. 그러나 막대한 자본을 조달하려는 대기업은 은행 대출보다는 연기금, 사모펀드, 개인 투자자들로부터 자금을 조달하는 경우가 대부분이다. 이들은 채권을 발행하는 방식으로 자금을 조달한다. 채권은 일정한 이자를 지급하겠다고 약속하고, 정해진 날짜에 원금을 상환하겠다는 일종의 계약서다(채권에 대해서는 정부부채에 관한 다음 장에서 더 자세히 다룰 예정이다).

기업부채의 상당 부분은 비은행권에서 이뤄지기 때문에, 화폐 창출에 대한 이야기에서 작은 부분에 불과하다. 앞서 설명했듯 은행이 대출을 하면 돈이 새로 만들어지지만, 다른 주체가 대출을 하면 돈은 그저 한 곳에서 다른 곳으로 옮겨질 뿐이다. '돈의 창출'이라는 측면에서 이 책이 개인대출에 더 주목하는 이유가 바로 여기에 있다. 하지만 전반적인 부채 상황을 이해하려면 기업부채도 살펴볼

가치는 충분하다.

기업은 은행에서 빌리든 비은행권에서 빌리든 간에 차입 비용에 민감하다. 싸게 빌릴수록 빚을 지는 데 따르는 진입장벽이 낮아지므로, 기업 입장에선 부채를 감당할 만하다는 판단을 더 쉽게 내릴 수 있다. 같은 이유로 신규 창업도 대출금리가 낮을 때 더 활발해진다. 대부분의 신생 기업은 초기 자금을 필요로 하고, 이자 부담이 낮을수록 실현 가능한 사업으로 만들기 쉬워진다.

예를 들어 2006년부터 2008년까지 기준금리가 약 5퍼센트였던 시기에는 영국에서 매년 평균 26만 8,000개의 신생 기업이 탄생했다.[1] 2013년과 2015년 사이 기준금리가 약 0.5퍼센트였을 때는 그 수치가 평균 35만 9,000개로 33퍼센트 증가했다. 여기에는 여러 다른 요인이 작용하므로 저금리 때문이라고 단정할 수는 없지만, 어느 정도 상관관계는 있다.

심지어 대기업들이 은행이 아닌 채권을 발행해 자금을 조달할 때조차 기준금리는 여전히 차입 비용에 영향을 미친다. 채권자들도 금리를 책정할 때 기준금리를 참고하기 때문이다. 예를 들어 채권자가 예금계좌에 돈을 넣어두는 것만으로 2퍼센트의 이자를 받을 수 있다면, 채무불이행의 위험이 있는 기업에 돈을 빌려줄 때는 은행 금리보다 높은 금리(5퍼센트라고 하자)를 요구할 것이다. 하지만 은행 금리가 1퍼센트로 떨어진다면, 채권자는 기업에 4퍼센트 정도의 금리로 돈을 빌려줄 의향이 생길 것이며, 이는 기업의 차입 비용을 낮추는 효과를 가져온다.

기업들은 현재 얼마나 많은 부채를 지고 있을까? 현재 영국의 경우, 기업부채(은행과 비은행권 대출 합산)는 GDP 대비 약 70퍼센트에 이르며,[2] 이는 최근 수십 년간의 중간 수준에 해당한다. 1997년에는 60퍼센트까지 낮아졌으며,[3] 2008년에는 부채 규모는 동일했지만 GDP가 감소하면서 GDP 대비 부채 비율이 100퍼센트를 넘어섰다.

이자 상환 능력의 리스크 측면에서 기업부채가 GDP 대비 몇 퍼센트일 때 경제에 '위험한' 수준이라는 특정 기준은 없다. 예컨대 중국은 GDP의 156퍼센트,[4] 일본은 117퍼센트, 인도는 54퍼센트, 브라질은 51퍼센트이고, 영국은 그 중간 정도다.

비율 자체가 반드시 위험을 의미하진 않지만, 부채 비율이 점점 높아진다는 것은 동일한 수준의 생산을 유지하기 위해 점점 더 많은 부채가 필요하다는 뜻일 수 있다. 그래서 이 수치는 정책입안자들이 계속 주시할 수밖에 없다.

우리 집 살림살이도
부채 위에 서 있다

개인이 받은 대출을 일반적으로 가계부채라고 부른다. 개인이 빚을 지는 일이 왜 '가계'와 연결되어야 하는지는 잘 모르겠지만, 모두가 그렇게 부르기 때문에 나도 일단은 이 용어를 사용하겠다.

가계부채는 미래의 소득을 증대시키거나 자산을 늘리기 위한 투자 목적으로 활용될 수 있다. 예컨대 학자금 대출이나 부동산 구입이 그렇다. 이 경우 차입자는 이자 비용을 감수하더라도 장기적으로 얻을 수 있는 이익이 더 클 것이라고 기대한다. 하지만 반대로 미래의 소득 증대나 부를 늘릴 어떤 목적도 없이 단순히 일상적인 소비를 감당하기 위해 빚을 지는 경우도 있다.

영국의 가계부채 총액은 GDP의 약 85퍼센트 수준이다. 미국은 77퍼센트, 중국은 61퍼센트로,[5] 영국과 마찬가지로 대부분의 선진국에서도 비슷한 패턴이 나타난다. 영국의 GDP 대비 가계부채 비율은 2010년 금융위기의 여파로 약 95퍼센트로 정점을 찍은 뒤 점차 하락했다가 2020년 코로나19 팬데믹이 발생하면서 다시 상승했다. GDP가 감소했기 때문이다. 그리고 현재, 가계부채 비율은 또다시 상승세에 있다.

기업부채와 마찬가지로 가계부채도 일정 수준을 넘는다고 해서 반드시 위험하다고 단정 지을 수는 없다. 하지만 GDP 대비 가계부채 비율이 계속 높아진다는 것은 사람들이 동일한 수준의 소비를 유지하기 위해 점점 더 많은 빚을 지고 있다는 뜻일 수 있다. 이는 좋은 신호가 아닐 수 있다.

지난 10년 동안 GDP 대비 가계부채 비율은 낮아졌지만, 훨씬 과거로 거슬러 올라가면 놀라운 현실을 발견하게 된다.

1970년대에 영국의 가계부채는 GDP의 약 30퍼센트 수준에서 안정적으로 유지되고 있었다. 그런데 〈그림 12〉에서 볼 수 있듯이

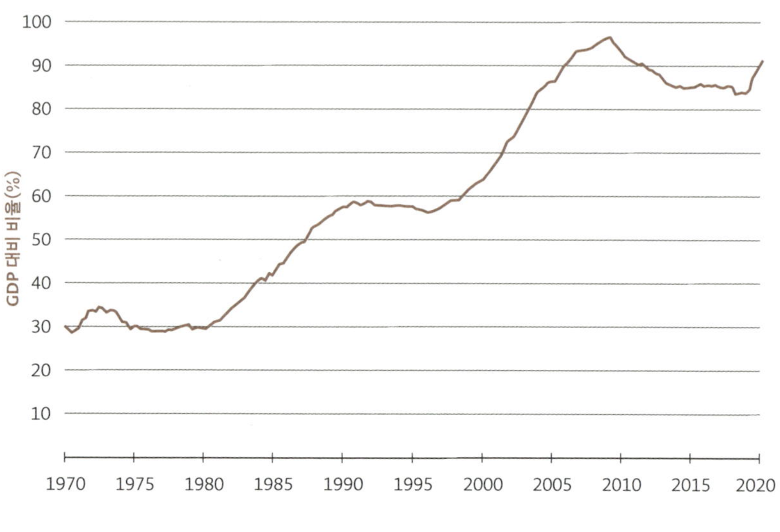

그림 12. 영국의 GDP 대비 가계부채 비율 추이6

1980년대 초부터 그 수치가 폭발적으로 증가했다. 왜 그런 일이 일어났는지는 이 장의 후반부에서 살펴볼 것이다.

생계를 위한 부채
vs. 자산 증식을 위한 부채

일반적으로 말하자면 빈곤층은 부동산과 같은 자산을 취득하기보다 일상적인 소비를 위해 빚을 지는 경향이 있다. 빈곤층이 휴가를 가거나 최신 스마트폰을 사기 위해 무분별하게 빚을 쌓는다는 게

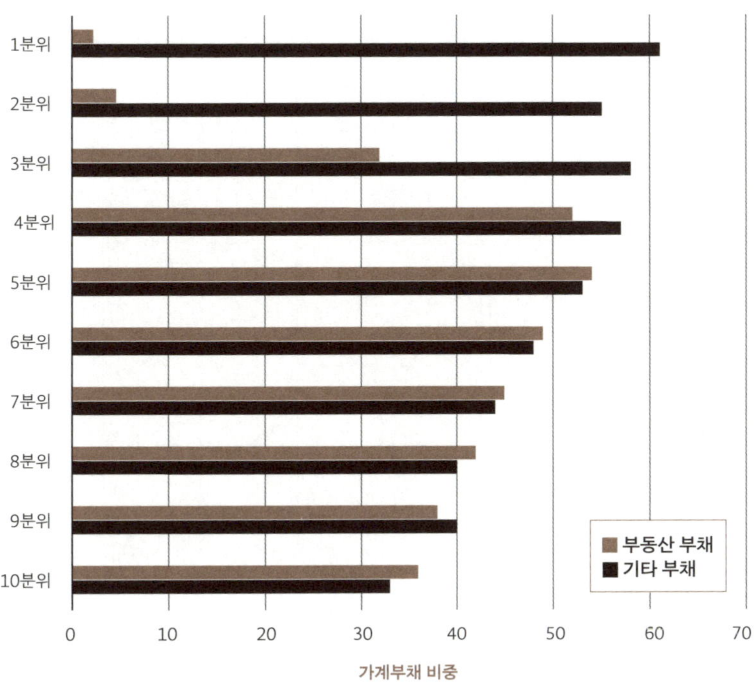

그림 13. 자산 10분위별 영국의 가계부채 비중[7]

아니다(소득 수준에 상관없이 그러는 사람이 일부 있긴 하지만). 이들은 단지 당장의 생계를 위해 빚을 지는 것이다.

〈그림 13〉은 자산을 기준으로 영국의 인구를 10분위로 나눈 것이다. 1분위가 가장 가난하고, 10분위가 가장 부유하다. 이 도표는 각 그룹 내에서 '부동산 부채(주택담보대출)'와 '기타 부채'를 가진 사람의 비율을 보여준다. 하위 10퍼센트 그룹은 대출을 끼고도 부동산을 소유할 여력이 없는 경우가 많아서 부동산 부채가 거의 없는

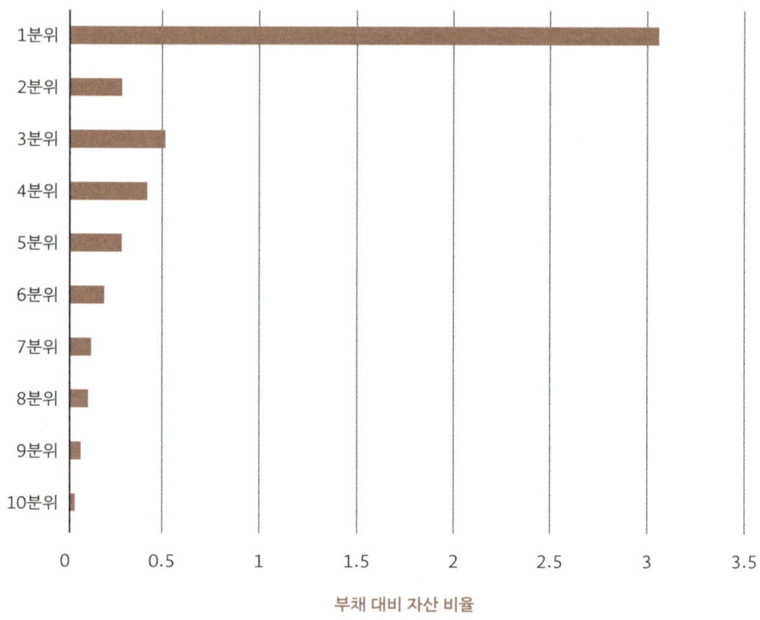

그림 14. 자산 10분위별 영국의 부채 대비 자산 비율(자산 기준 10분위)[8]

반면, 기타 유형의 대출이 많다. 상위 그룹으로 갈수록 부동산 부채를 보유한 사람의 비율이 증가하는 것은 물론, 기타 부채를 보유한 비율 역시 여전히 높은 수준을 보인다. 이는 중위 그룹도 마찬가지다. 중위 이상의 그룹에서는 두 종류의 부채 모두 줄어드는 경향을 보인다.

여기서 자산 분포상 중간에 위치한 중산층이 부동산 부채뿐만 아니라 기타 부채로 생활을 지탱하고 있다는 점을 주목할 필요가 있다.

또한 주목할 만한 데이터는 〈그림 14〉에서 확인할 수 있다. 여기서는 자산 분위별로 나누어 볼 때 영국 사람들이 총자산 대비 얼마나 많은 빚을 지는지를 보여준다.

가장 가난한 하위 10퍼센트에 속하는 사람들은 총부채가 전체 자산의 3배가 넘는다. 부채 규모가 크지 않더라도, 이들은 자산이 거의 없기 때문에 부채 비율이 압도적으로 높다.

상위 그룹으로 올라갈수록 부채는 점점 줄어들고 거의 보이지 않을 정도가 된다. 〈그림 13〉에서는 자산 기준 상위 10퍼센트 부유층의 절반 이상이 여전히 어떤 형태든 빚을 지고 있다는 사실이 놀라웠을 것이다. 하지만 〈그림 14〉에서 확인할 수 있듯 그들의 전체 자산에 비하면 이 부채 규모는 미미한 수준이다.

여기서 주목할 만한 명확한 패턴을 볼 수 있다. 빈곤층은 생필품을 마련하기 위해 돈을 빌리고, 부유층은 주택을 비롯해 자산을 늘리기 위해 돈을 빌린다는 점이다.

같은 금액도 누군가는 훨씬 비싸게 빌린다

부유층과 빈곤층은 돈을 빌리는 목적이 다를 뿐만 아니라 적용되는 금리도 다르다. 일반적으로 빈곤층은 '담보'로 제공할 자산이 없기 때문에 돈을 빌릴 때 더 높은 금리를 감수해야 한다. 담보란 채무자가 대출금을 상환하지 않을 때 채권자가 가져갈 수 있는 자산을 말한다. 따라서 대출기관은 빈곤층에게 '무담보' 방식으로 대출을 하게 된다. 이 경우 채무자가 대출금을 상환하지 않으면 대출기관이 취할 수 있는 조치는 제한적이다. 그래서 대출기관은 추가 위험을 반영해 더 높은 금리를 요구하게 된다.

예를 들어 소득 하위 분위에 속하는 누군가는 신용카드 대출로 연 20퍼센트의 이자를 내기도 하며, 비슷한 수준의 마이너스 통장을 사용 중일 수도 있다. 더 극단적으로는 연간 수백 퍼센트 혹은 수천 퍼센트에 달하는 초고금리 단기 대출인 페이데이론payday loan을 받기도 한다. 가장 좋은 경우라도 현재 장기 신용 대출금리는 5~10퍼센트 수준이다.[9] 이런 상황에서 기준금리가 1퍼센트포인트 낮아진다고 하더라도 큰 차이는 없다. 20퍼센트 이자가 19퍼센트가 되겠지만, 그게 무슨 대수겠는가. 여전히 부담이 큰 수준이다.

반면 자산이 많은 사람은 부동산 같은 담보를 제공하거나, 별도의 담보 없이도 높은 소득과 신용도를 바탕으로 낮은 금리로 대출을 받을 수 있다. 이들은 기본적으로 '리스크 프리미엄'이 적기 때문에 기준금리 인하에 더 큰 영향을 받는다. 다시 말해 금리 변화가 실질적인 차이를 만들어낸다.

예를 들어 기준금리가 4퍼센트일 때 부유층은 6퍼센트 이자로 대출을 받을 수 있다. 만약 기준금리가 3퍼센트로 낮아지면 5퍼센트의 이자로 대출이 가능해진다. 계산해보면 기준금리 1퍼센트포인트 낮아짐으로써 그들의 차입 비용이 약 16퍼센트(1퍼센트/6퍼센트=16퍼센트)나 줄어든 셈이다. 앞서 살펴본 가난한 차입자의 경우 5퍼센트(1퍼센트/20퍼센트=5퍼센트) 감소한 것과 비교되는 수치다.

따라서 기준금리가 내려가 대출이 더 쉽고 저렴해질수록 부유층에게 더 큰 혜택이 돌아가게 된다. 훨씬 더 낮은 비용으로 자금을 대출받아 가치 있는 자산을 취득할 수 있기 때문이다. 반면 빈곤층에게는 기준금리 인하가 별다른 차이를 낳지 않는다. 이는 결과적으로 부의 불평등에 엄청난 영향을 미친다. 이 불균형 구조는 우리가 뒤에서 다시 다룰 '불평등' 주제의 핵심이 된다.

한 세대 만에
'부채의 시대'가 열렸다

이제 기업부채를 다시 그림에 포함시켜보자. 다음의 〈그림 15〉는 가계부채와 기업부채를 합쳐 GDP 대비 민간부채 비율로 나타낸 것으로 장기적인 추세를 확인할 수 있다.

우리는 여기에서 매우 놀라운 현상을 목격할 수 있다. 1880년과 1980년(도표에 점선으로 표시), 즉 100년의 시차를 둔 두 시점 모두 영국의 GDP 대비 부채 비율은 60퍼센트였으며, 이 사이 기간 동안 70퍼센트를 넘은 적이 한 번도 없었다. 그런데 불과 30년 후인 2010년에는 190퍼센트까지 치솟는다. 다른 국가들의 경우 이렇게 오래전 자료까지 확보하긴 힘들지만, 1980년대 이후 민간부채가

그림 15. 영국의 GDP 대비 총민간부채 비율10

폭발적으로 증가하는 패턴은 미국, 호주, 뉴질랜드 등 다른 국가에 서도 동일하게 나타난다.

어떻게 이런 일이 발생했을까? 금융 부문의 규제 완화 그리고 부채를 '일상적'이고 수용 가능한 일로 받아들이는 문화적 변화 등 여러 요인을 꼽을 수 있을 것이다. 그러나 가장 큰 원인은 〈그 림 16〉에서 보여주는 바와 같이 차입 비용이 크게 하락한 것이 다. 1980년 영국은행의 기준금리는 17퍼센트였으나 2010년에는 0.5퍼센트로 떨어졌으며, 2022년 4월까지 계속 1퍼센트 이하로 유 지되었다. 그 결과 최근 수십 년 동안 채무자들은 매달 내는 이자 비용을 그대로 유지하면서 더 많은 부채를 감당할 수 있었다. 이는

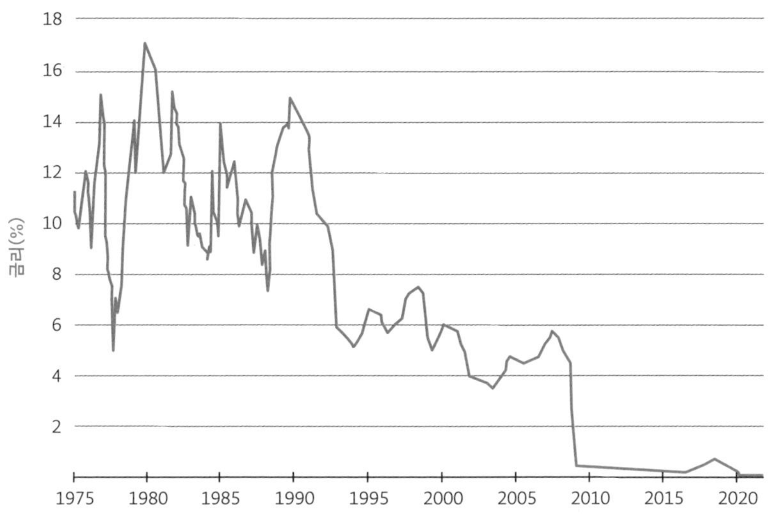

그림 16. 영국은행의 기준금리 추이[11]

특히 부유한 차입자들에게 더욱 두드러지게 나타난다. 부유층의 대출 규모는 주로 기준금리에 의해 결정되며, 기준금리는 수십 년에 걸쳐 점점 더 낮아졌기 때문이다. 차입 비용이 이렇게까지 줄어들지 않았다면 부채 규모가 3배 가까이 증가했을 리 없다. 그렇게 거대한 부채에 대한 높은 이자를 감당할 수 없었을 테니 말이다. 차입 비용이 다시 상승한다면 어떤 일이 발생할까? 이 문제는 나중에 다룰 것이다.

정리하자면 지난 30년 동안 차입 비용은 급격히 줄어들었다. 그리고 5장에서 살펴봤듯 이는 기준금리를 조정하는 영국은행의 정책적 의도가 반영된 결과이기도 하다.

하지만 여기서 질문 하나가 떠오른다. 왜 영국은행은 그렇게까지 차입 비용을 낮추려 했을까? 2가지 이유가 있다. 하나는 인플레이션을 일으키기 위해서(연 2퍼센트 목표 달성), 다른 하나는 GDP를 끌어올리기 위해서였다.

추가적인 대출이 인플레이션을 유발하는 데 도움이 되는 이유는 앞서 충분히 살펴봤다. 그렇다면 부채가 어떻게 GDP를 증가시킬까? 기업들이 자금을 빌려 생산량을 늘리는 데 투자한다면, 추가된 생산량이 GDP에 반영된다. 개인이 소비를 위해 돈을 빌리면, 그 소비가 GDP에 반영된다. 따라서 부채가 많을수록 GDP 성장률이 높아질 수 있으며, 이는 정부가 바라는 모습이다.

하지만 여기서 하나의 모순이 발생한다. 지난 40여 년간 부채는 폭발적으로 증가했는데, GDP는 크게 증가하지 않았다. 게다가 해당 기간에 대체로 인플레이션율도 낮았다. 왜 이런 대규모 추가 차입이 더 큰 효과를 나타내지 못했을까?

GDP 성장률이 저조했던 이유 중 하나는, 가계부채의 90퍼센트 이상이 '주택담보대출'이기 때문이다.[12] 주택은 그 자체로 무언가를 생산하지 않는다. 따라서 가계부채의 대부분이 주택 구매에만 사용된다면 GDP 수치에 직접적인 영향을 미치지 않는다. 다만 일부는 주택담보대출을 받아 소비에 사용하기도 해서 이 경우는 GDP에 영향을 미친다.

인플레이션 혹은 디플레이션에 대해 말하자면, 이것은 매우 중요한 질문이어서 우리가 경험한 실생활의 예를 들어 8장 전체에서 다룰 것이다.

이번 장을 마치기 전에 한 가지만 더 짚고 넘어가자. 지금까지는 주로 '얼마나 많은 돈을 빌렸는가'라는 차입 규모를 비용과 관련해 살펴봤다. 즉 비용이 저렴할수록 사람들이 더 많이 빌릴 것이라는 점이다. 이것이 바로 앞에서 설명한 중앙은행의 기준금리를 통해 시중에서 만들어지는 돈의 양을 조절하는 방식이다. 하지만 차입의 개념을 완전히 이해하려면 우리는 반드시 인간의 심리적 측면도 함께 고려해야 한다. 차입자는 결국 사람이기 때문이다.

부채를 결정하는 건 숫자가 아니라 심리다

사람들이 가격 변화에 기계적으로 로봇처럼 반응하는 존재라면 중앙은행의 일은 훨씬 수월했을 것이다. 부채가 저렴해지면 그 외 다른 것은 고려하지 않고 대출을 더 많이 받는 식으로 말이다. 그러나 아쉽게도 현실은 그렇지 않다. 사람은 '공포'와 '탐욕' 같은 골칫덩어리 감정을 가진 존재이고, 이 감정들이 중앙은행의 계획을 수시로 망쳐놓는다.

예를 들어 금리가 일정하게 유지되더라도, 사람들은 미래를 얼마나 긍정적으로 바라보는지에 따라 돈을 더 많이 혹은 덜 빌린다. 경제가 호황이고 내 일자리에 대한 전망이 밝다고 느끼면, 사람들은 큰 규모의 주택담보대출도 거리낌없이 받는다. 집값이 오를 거라 믿고, 앞으로 임금도 오를 테니 대출 상환이 수월해질 거라 확신한다. 경기가 좋을 때 사람들은 창업 자금도 더 기꺼이 빌린다. 자신감이 높기 때문이다.

이러한 심리는 자기강화적self-reinforcing이다. 일자리도 안정적이고 자산 가치도 오르고 있다면, 우리는 더 과감하게 자산을 담보로 생활비를 빌리려 들 것이고, 그렇게 소비가 늘어나면서 경제는 더욱 활기를 띠게 된다.

반대의 경우도 마찬가지다. 직장생활의 전망이 불투명할 경우, 우리는 가능한 한 부채를 줄이고 주택담보대출을 더 많이 상환할 가능성이 크다. 소비를 위해 대출을 받기보다는 저축을 하게 된다. 상황이 더 확실해질 때까지 창업의 위험을 감수하지 않을 것이다. 만약 집값이 하락한다면, 집값 대비 부채 비율이 증가하므로 우리가 원한다고 해도 추가 대출을 받기가 더 어려워질 것이다.

이것이 바로 경제사가 호황과 불황으로 점철되는 이유다. 우리는 개별적으로 행동하지만 집단의 정신 상태에서 비롯되는 '군중심리'에서 자유롭지 못하다. 경기가 좋을 때는 가장 신중한 사람조차 주변의 낙관론에 영향을 받아 어느 정도 느슨해지고, 사람들이 너무 많은 부채를 지게 되면서 군중 전체가 과도한 부채를 짊어지게 된다. 상황이 걷잡을 수 없는 지점에 이르면 거품이 터지고 불황이 닥친다.

불황기에 들어선 경우에도 군중심리가 작용한다. 직장생활이 안정적이고 재정적 어려움이 없는 사람들도 주변 사람들의 영향을 받기 쉽고 최근 겪었던 일로 인해 신중하게 행동할 가능성이 높아진다. 그래서 경제는 어느 순간 급격히 무너지고, 다시 회복되기까지는 꽤 긴 시간이 걸린다. 사람들이 한 명 한 명 천천히 자신감을 되찾고, 다음 호황을 향해 나아가는 데는 시간이 걸린다.

이런 현상은 정부와 중앙은행 입장에서 아주 큰 문제가 된다. 증거가 넘쳐나는데도 그런 일은 발생하지 않는다고 주장하는 많은 경제학자에게도 마찬가지다. 중앙은행의 관점에서 이 게임의 목표는 적절하고 관리 가능한 수준의 일정한 인플레이션을 유발하고, GDP 성장률을 유지하는 것이다.

그러나 사람들이 심리적으로 신규 대출을 꺼리고 부채 상환에만 열중한다면 어쩔 수 없이 디플레이션이 발생하고 경제성장에도 도움이 되지 않는다. 금리를 아무리 내린다 해도 사람들은 별다른 관심을 보이지 않을 것이다.

이로 인해 정부가 직면하는 또 다른 문제는, 경기침체가 재집권에 매우 불리하게 작용한다는 점이다. '모든 것이 알아서 정리되도록 잠시 놔뒀다가 부채 수준이 낮아지면 거기부터 다시 시작해보자'라는 입장은 타당한 조치일 수 있지만, 선거에서 표를 얻기는 힘들다. 경기침체의 여파로 사람들이 빚을 지는 일을 주저할 때 정부가 직접 나서서 돈을 풀기 시작하는 이유가 바로 여기에 있다. 그 이야기가 바로 다음 장의 주제다.

부채의 거대한 흐름을
읽는 법

지금까지 살펴본 바에 따르면, 우리 같은 개인들(경제학 용어로는 '가계')의 차입은 돈 창출에 관한 이야기에서 핵심적인 역할을 한다. 기업들의 차입도 물론 중요하지만, 대부분의 기업은 돈을 직접 만들어낼 수 있는 은행이 아닌, 기타 투자자나 채권시장에서 자금을 조달하기 때문에 돈을 창출하는 과정에서는 덜 중요한 축에 속한다. 그러나 다음 장에서 우리는 기업부채가 경제 성과 측면에서는 중요한 역할을 한다는 사실을 알게될 것이다.

한편 지난 수십 년 동안 대출 규모가 폭발적으로 증가했으며, 가장 큰 이유 중 하나가 중앙은행이 대출을 훨씬 저렴하게 만드는 결정을 했기 때문이라는 점도 살펴봤다. 그리고 그들이 왜 그런 결정을 했는지 우리는 알고 있다. 바로 바람직한 수준의 인플레이션 흐름을 유도하기 위해서다.

이런 흐름만 보면 중앙은행은 마치 돈을 빌리는 가격을 조절하는 초능력을 지닌 존재처럼 보인다. 그런데 실제로는 그렇지 않다. 차입자들이 단순히 금리만 보고 움직이지 않기 때문이다. '사람의 심리'는 실제로도 막강한 힘을 발휘한다. 아무리 중앙은행이 금리를 낮춰도, 사람들이 미래가 불안하다고 느끼면 대출을 꺼리고 지갑을 닫는다. 이런 점에서 보면, 중앙은행이 돈의 공급을 통제할 수 있는 능력은 생각보다 훨씬 제한적일 수 있다. 앞 장에서 잠깐 언급했듯 중앙은행이 쓸 수 있는 주된 수단은 '돈의 가격'을 조정하는 것이다. 하지만 가격이 유일한 변수는 아니다. 경제 신뢰가 바닥나 있을 때는 돈값이 저렴해도 사람들이 돈을 빌리려고 하지 않는다.

그 결과 부분적이긴 하지만 가계와 기업이 위축되어 대출을 꺼리는 시기에는 정부는 그 공백을 메우기 위해 지출을 확대하는 경향이 있다. 하지만 어려운 시기에만 정부가 그러는 건 아니다.

그리고 하나 더 짚고 넘어가야 할 중요한 변화가 있다. 바로 1970년대 이후, 정부의 지출 방식과 규모가 근본적으로 달라졌다는 점이다.

이 시기를 기점으로 정부는 단지 경제 위기 때만 개입하는 것이 아니라, 일상적으로도 매우 적극적인 재정 지출을 하게 되었고, 그 목적과 수단 역시 과거와는 전혀 다른 양상을 보이기 시작했다.

정부는 어떻게 돈을 쓰고 있으며, 왜 그렇게 쓰는 걸까? 지금까지 민간부채와 돈의 흐름을 살펴봤다면, 이제는 정부라는 또 하나의 거대한 경제 주체가 어떤 방식으로 돈을 움직이는지 본격적으로 들여다볼 차례다.

지금 당신이 쓰는 돈은

누군가의 빚 위에서 만들어진다.

그리고 그 빚이 폭주하고 있다.

100년간 안정적이었던 부채 비율이

30년 만에 3배로 뛰었다.

원인은 명확하다.

중앙은행이 돈의 가격, 즉 금리를 낮추자

부채는 생존 방식이 되었다.

하지만 기억하라.

부채는 부유층에게 자산을 불리는 레버리지지만,

취약층에게는 생존을 위협하는 덫이다.

국가부채가 폭발할 때, 내 주머니에 생기는 일

정부의 빚이 우리 삶에 미치는 영향

"부채는
개인의 족쇄이자,
세계를 굴리는 엔진이다."

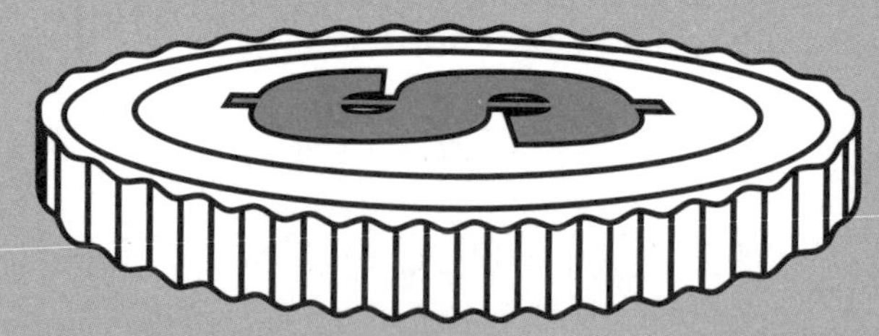

어떤 방법이 효과가 있다면, 그 방법을 더 많이 활용하기 마련이다. 4장에서 보았듯 영국 정부가 최초로 돈을 빌린 것은 1694년이었다. 당시 영국은 프랑스와의 전쟁 자금을 조달하기 위해 약 1,200명의 개인에게 총 120만 파운드를 빌렸다. 놀랍게도 돈을 모으는 데는 불과 며칠밖에 걸리지 않았다. 내가 지금 이 글을 프랑스어로 쓰고 있지 않다는 사실만 봐도, 당시 영국 정부는 이 차입이 성공적이라고 판단했을 것이다.

영국 정부는 이후에도 돈을 더 빌렸을까? 물론이다. 나폴레옹 전쟁, 노예제 폐지, 아일랜드 감자 대기근, 크림전쟁 등 굵직한 사건이 벌어질 때마다 정부의 부채는 급등했다. 상황이 나빠졌을 때 돈으로 해결할 수 있다면, 차입은 언제나 답이 되었다.

그로부터 300여 년이 흐른 지금, 영국 정부가 갚아야 할 부채의 총액은 2조 4,000억 파운드에 이른다.[1] 이는 엄청나게 큰 수치로 보인다. 하지만 거대한 경제 규모를 다룰 땐 수치 자체가 커질 수밖에 없기 때문에 이게 얼마나 심각한 수준인지 감이 잘 오지 않는다.

그렇다면 영국 정부가 어마어마한 부채를 안고 있다는 것은 언제든 글로벌 채권자들에게 쫓길 위험에 처해 있다는 뜻일까? 왜 정부는 세금을 더 걷는 대신 많은 돈을 빌리고 있는 걸까? 그리고 그 많은 돈을 도대체 어디에 쓰려는 걸까? 이 장에서는 바로 이 질문들에 대한 답을 찾아갈 것이다.

정부는 얼마나
많은 돈을 쓰는가

정부는 세금을 거둬들이고, 그렇게 모은 돈을 국민의 삶에 도움이 되는 방향으로 지출한다. 이 중 일부는 재분배의 성격을 가진다. 즉 여유가 있는 사람들에게서 돈을 걷어 상대적으로 어려운 이들에게 지원하는 방식이다. 반면 국방비처럼 모든 국민이 공동으로 혜택을 누리되 개별적으로 비용을 징수하기 어려운 영역에 들어가는 비용도 있다.

시간이 지남에 따라 주요 선진국 정부들은 교육, 보건, 예술, 공공주택 건설, 해외 원조, 자선단체 지원 등 점점 더 많은 일에 관여하게 되었다. 또한 도로와 철도망 개선 같은 미래의 생산성 향상에 기여할 것으로 예상되는 주요 사업에도 자금을 투입한다. 정부가 이 모든 일을 '해야만 하는지'에 대해서는 의견이 분분하다. 정말로 다 해야 하는지, 아니면 일부만 해야 하는지, 혹은 더 많이 해야 하는

지는 어디까지나 정치적 견해의 영역이므로 여기서 논쟁할 필요는 없다. 여기서 주목해야 할 사실은 경제가 잘 돌아가고 특별한 위기가 없는 '정상적인 상황'에서도 정부는 상당한 규모의 지출을 한다는 점이다. 실제로 2021년 기준, 영국에서 지출된 10파운드 중 약 4.5파운드는 정부 지출이었다.[2]

물론 경제가 어려워지면 정부의 추가 지원이 필요하다. 경기침체로 사람들이 일자리를 잃을 때, 정부가 개입해 실업급여를 지급하고 곤경에 처한 기업을 구제하며 사라진 일자리와 투자를 대체하기 위한 새로운 공공사업에 자금을 투입할 수 있다.

사람들은 일반적으로 정부가 세금으로 걷은 만큼만 지출할 수 있다고 생각한다. 평상시의 복지든 위기 대응이든, 이미 확보된 세수 내에서만 움직여야 한다고 보는 것이다. 하지만 현실은 다르다. 정부는 세금 외에도 '돈을 빌려서' 지출할 수 있다. 예를 들어 어떤 해에 지출 계획이 세수보다 많다면, 정부는 그 차액을 먼저 빌리고 이후 세금으로 갚는 방식을 택할 수 있다. 이렇게 한 해 동안 세입보다 세출이 많을 경우, 우리는 이것을 '재정적자'라고 부른다. 반대로 세금이 더 많이 걷혀 여유가 생긴다면, 이는 '재정흑자'라고 부른다.

그렇다면 이런 해들이 반복되면 결국 균형이 맞지 않을까? 나쁜 해에는 적자를 보고, 좋은 해에는 흑자를 봐서 장기적으로 보면 균형을 이루게 되는 식으로 말이다. 하지만 다음 〈그림 17〉이 볼 수 있듯 실제로는 그렇지 않다.

그림 17. 2차 세계대전 이후 영국의 재정 수지 추이[3]

〈그림 17〉은 연도별 영국 정부의 지출 상황을 나타낸 것이다. 세로축의 0을 기준으로 위쪽은 정부가 세입보다 적게 지출한 경우(재정흑자), 아래쪽은 세입보다 더 많이 지출한 경우(재정적자) 를 의미한다.

도표는 1947년부터 시작되지만, 그 이전 두 차례의 세계대전을 치르느라 막대한 적자가 있었다는 것은 이미 알고 있는 사실이다. 이후 1948년부터 1975년까지 정부는 세금으로 걷은 금액보다 적게 쓰면서 흑자를 유지했다. 하지만 1975년 이후로는 상황이 완전히 뒤바뀐다. 거의 매년 재정적자를 기록했으며, 지난 45년 동안 흑자를 기록한 해는 단 6년뿐이다. 미국도 마찬가지로 같은 기간 중

단 4년을 제외하고는 매년 적자를 냈다.[4]

그 차액을 메우는 것은 바로 정부의 차입, 즉 국가부채를 통해서다. 영국과 미국뿐 아니라 대부분의 주요 국가에서도 비슷한 패턴을 보인다.

이쯤 되면 하나의 질문이 생긴다. 왜 갑자기 1975년을 기점으로 이렇게 변했을까? 금본위제가 종식되고 돈이 '실물'과 완전히 분리되면서 정부가 더이상 재정 균형을 신경 쓰지 않게 되었기 때문이다.

돈을 갚지 않고 계속 빌리기만 한다면 어떻게 될까? 해마다 적자에 적자가 계속 쌓이게 되면 어떻게 될까? 결국 부채가 눈덩이처럼 불어나게 된다. 그 결과, 오늘날 영국 정부의 부채가 2조 4,000억 파운드에 이르게 된 것이다. 이것이 바로 우리가 흔히 말하는 국가부채다.

왜 정부는 벌어들이는 것보다
더 많이 쓰는가

영국 정부는 지난 45년 동안 대부분의 해에 재정적자를 기록했다.[5] 이는 경제가 위기 상황일 때뿐 아니라, 경기가 비교적 '좋은 시기'에도 벌어들이는 것보다 더 많이 지출해왔다는 것을 의미한다.

만약 개인이 해마다 수입보다 많이 돈을 쓰면서 빚을 늘려간다면, 그건 현명한 재정 운영이라고 보긴 어렵다. 그렇다면 정부는 왜 그러는 걸까?

그 이유는 여러 가지가 있는데 가장 중요한 4가지 이유는 다음과 같다.

1. 이제는 관행이 되어버렸다

현재 영국 정부의 지출은 GDP의 약 45퍼센트에 달한다. 1900년 부터 1920년까지 이 수치는 10퍼센트 미만이었고, 두 차례 세계대전 사이에도 20퍼센트 미만이었다. 하지만 시간이 지나면서 정부는 우리 삶의 더 많은 부분에 개입하기 시작했고, 이에 따라 지출의 규모도 커졌다. 그리고 이 변화는 국민이 선택한 것이다. 어쩌면 그와 다른 방향을 제시하는 정당에 투표할 기회가 없었을 수도 있다.

2. 한 번 시작하면 멈추기 어렵다

새로운 복지 제도나 공공서비스를 도입하는 건 정치적으로 인기를 끌 수 있지만, 다시 없애기는 매우 어렵다. 도입했던 정책을 철회해 지출을 줄일 수 없다면 수입을 늘려야 하는데, 그 주된 방법은 세금이다. 하지만 세금 인상 역시 유권자가 싫어하는 일이다. 그 결과, 정부가 훨씬 더 많은 서비스를 제공하기 위해 훨씬 더 많은 돈을 지출하고 있음에도 불구하고, GDP 대비 과세 비율은 1970년대와 거의 동일하다.[6]

3. 성장세가 둔화되거나 하락하는 시기에 GDP 성장을 촉진시킨다

1970년대 중반부터 2000년대 초까지 영국의 인구 증가율은 거의 제로 수준에 머물렀다.[7] 동시에 생산성 증가율도 1990년대 초반부터 꾸준히 하락세를 보이고 있다.[8] 그런데 GDP 성장의 핵심 동력은 바로 인구와 생산성이다. 일하는 사람이 많을수록 생산량도 더 많아지기 때문이다. 또한 더 효율적으로 일할수록 생산량은 증가한다. 더 많은 사람이 더 효율적으로 일할수록 생산량은 더욱 증가한다.

정치인들은 GDP 성장을 원한다. 그래서 인구 증가나 생산성 향상을 기대하기 어려운 상황에서는, 정부가 부채를 통해 시장에 돈을 투입하고, GDP를 끌어올리는 활동을 유도한다. 이런 방식의 재정 확대는 경제를 일시적으로 떠받치는 효과를 낸다.

4. 그럴 수 있기 때문이다

앞서 살펴본 것처럼 1970년대 후반 이후 차입 비용은 꾸준히 하락해왔다. 이 말은 동일한 수준의 이자 비용으로 더 많은 돈을 빌릴 수 있게 되었다는 뜻이다.

이에 대한 정치적 논란을 일으키려는 의도는 없다. 정부가 장기적으로 재정을 균형 있게 유지해야 한다는 법적 규제가 있었다면 상황이 지금과 많이 달라졌을 것이다. 물론 그런 상황이 더 나은 것인지, 더 나쁜 것인지는 개개인의 의견이 다를 수 있다.

이 장의 후반부에서는 이런 차입이 문제가 되고 있는지에 대해 살펴볼 예정이다. 정치와 관련된 모든 일이 그렇듯, 이 문제에 대해서도 당연히 매우 다양한 견해가 있을 것이다.

정부는 누구에게 돈을 빌리는가

정부는 지출을 많이 하고 세금도 많이 거두지만 그만큼 빌려야 할 돈도 많다. 그렇다면 정부는 어떻게 그렇게 많은 돈을 빌릴 수 있을까?

답은 의외로 간단하다. 정부에 돈을 빌려주고 싶어하는 사람은 줄을 서 있다. 개인은 물론이고 연기금, 은행, 해외 정부 등 돈이 있고, 큰 위험을 감수하지 않으면서도 일정한 수익을 얻고 싶어하는 거의 모든 이가 여기에 해당한다.

특히 미국 국채에 대한 수요는 세계적으로 어마어마하다. 그 주된 이유는 국제 무역이 주로 미국 달러로 이루어지기 때문이다. 예를 들어 중국은 대미 수출로 많은 달러를 벌어들이지만, 이를 전부 자국 통화인 위안화로 환전하길 원하지는 않는다. 대신 안정적이고 안전한 자산으로 여겨지는 미국 국채를 사들인다. 그 결과 중국은 1조 달러 가까이 미국 국채를 보유하고 있다.[9]

왜 정부에 돈을 빌려주는 것이 안전하다고 여겨질까? 돈을 빌려주는 데 따르는 주된 위험은 빌려간 쪽이 약속대로 돈을 갚지 못하는 상황이다. 하지만 정부에 돈을 빌려주면 억지로라도 세금을 징수해 상환 자금을 조달할 수 있고, 이마저도 여의치 않다면 돈을 추가로 발행해 부채를 상환할 수 있다는 사실을 우리는 알고 있다. 이에 대해서는 다음 장에서 더 자세히 다루려고 한다.

즉 정부가 자국 통화를 통제하는 한 정부에 돈을 빌려주는 것이 다른 누구에게 빌려주는 것보다 안전하다. 영국이나 미국 같은 국가도 채무불이행 상태에 처할 수는 있겠지만, 그럴 가능성은 매우 희박하다고 간주된다.

정부에 돈을 빌려주는 것이 다른 어떤 유형의 대출보다 위험이 낮다고 인식되기 때문에, 정부는 낮은 금리로 돈을 빌릴 수 있다. 반대로 위험이 더 큰 대출의 경우, 채권자들은 채무불이행의 가능성에 대한 보상으로 더 높은 금리를 요구한다.

실제로 대부분의 정부는 다른 기관이나 개인보다 더 저렴한 비용으로 돈을 빌릴 수 있다. 높은 수익을 추구하는 투자자들은 이러한 낮은 금리에 매력을 느끼지 않을 것이며, 대신 더 위험한 투자처로 향할 것이다. 그러나 투자 원금 회수가 거의 확실하다면 적은 수익에도 만족하는 다른 투자자들도 많다.

정부는 자금을 조달하기 위해 채권bond(발행 주체가 정부인 채권을 '국채'라고 한다)을 발행하고 매입을 원하는 사람에게 판매한다. 채권은 일정 금액을 미래의 특정 날짜에 상환하겠다는 약속이며, 그 기간 동안 고정된 이자를 지급한다. 예를 들어 정부로부터 '10년 만기, 연 2퍼센트' 조건의 국채를 구매한다는 것은 다음과 같은 의미이다.

- 1,000파운드를 정부에 빌려준다. 즉 정부로부터 국채를 '구매'하는 것이다.
- 정부는 10년간 매년 1,000파운드의 2퍼센트에 해당하는 20파운드를 이자로 지급한다.
- 10년이 지나면 정부는 원금 1,000파운드를 되돌려준다.

국채 매수자 입장에서 보면 지금 당장 1,000파운드를 쓸 수 있지만 미래에 원금을 돌려받고 그동안 매년 20파운드의 수익을 얻는 것을 선택한 셈이다. 특히 10년 후 은퇴를 앞두고 있다면, 그때까지 원금을 안전하게 지키고 매년 고정적인 수익도 발생하는 안심할 만한 투자다.

국채 발행자인 정부 입장에서 보면 '빚을 진' 셈이다. 오늘 당장 쓸 수 있는 돈을 얻는 대가로 미래에 이자를 지급하고, 원금을 상환할 의무를 부담하게 되기 때문이다.

중요한 포인트가 하나 있다. 정부가 국채 발행을 통해 개인이나 기관에 돈을 빌리는 경우 돈이 한 곳에서 다른 곳으로 이동할 뿐 돈이 창출되지는 않는다. 예컨대 개인 투자자가 정부에 돈을 빌려주면, 그 돈은 개인의 통장에서 빠져나와 정부 계좌로 이동하는 것이지, 경제에 새로운 돈이 추가되는 것은 아니다.

반면 개인이나 기업이 시중은행에서 돈을 빌릴 경우에는 상황이 다르다. 이때는 은행이 돈을 새로 만들어낸다(이에 관해 놀랍고 고통스러운 주제는 5장에서 자세히 다뤘다). 물론 정부도 '돈을 찍어내는 방식'으로 채무를 지기도 한다. 이건 다음 장에서 설명한다.

국채의 만기는 몇 개월짜리부터 30년 이상까지 다양하다. 일반적으로 채권 매수자들은 돈을 더 오랫동안 묶어두는 대가로 더 높은 금리를 요구한다.

공짜 수준으로 돈을 빌려줘도
인기 있는 빚쟁이

우리는 안정적인 선진국 정부가 다른 어떤 차입자보다 항상 낮은 금리로 돈을 빌릴 수 있다는 것을 알고 있다. 이는 정부가 돈을 갚지 않을 위험이 낮기 때문이다. 또한 정부는 중앙은행을 통해 기준금리를 조정함으로써 전반적인 차입 비용에 영향을 미칠 수 있다는 것을 5장에서 배웠다. 즉 기준금리를 인하해 전반적인 차입 비용이 저렴해지면 정부 역시 그 혜택을 받게 된다.

그렇다면 정부 입장에서는 기준금리가 낮게 유지되는 게 유리하다. 하지만 중앙은행에게 무조건 기준금리를 낮게 설정하라고 요구할 수는 없다. 기억하자. 대부분의 중앙은행은 인플레이션을 일정 수준으로 관리해야 하는 책무를 지니고 있다. 만약 기준금리를 적정 수준보다 낮게 설정한다면 경제 전반에 차입 수요가 급증해 과도한 인플레이션이 발생할 위험이 있다.

하지만 최근 수년 동안은 경제 부양을 위해 기준금리를 거의 제로에 가깝게 유지해야 했다. 그 이유는 다음 장에서 보다 자세하게 살펴보겠지만, 이는 정부 입장에서 매우 유리하게 작용했다. 정부는 그야말로 거의 공짜 수준으로 돈을 빌릴 수 있었기 때문이다. 실제로 2020년 5월, 영국 정부는 역사상 처음으로 마이너스 0.003퍼센트의 3년 만기 국채를 발행했다.[10] 이는 국채 매수자가 매년 정부에 실제로 이자를 지급해야 한다는 의미가 아니라, 국채 만기 시점에 원금보다 약간 적은 금액을 돌려받는다는 것을 의미한다.

이는 얼토당토않은 일로 보인다. 왜 사람들이 투자한 돈보다 적게 돌려받는 조건으로 정부에 돈을 빌려주려고 줄을 선단 말인가? 그런데 실제로 발행 가능한 국채 물량보다 두 배나 많은 매입 신청이 몰렸다.

그 이유는 복잡하지만, 간단히 말하면 대안이 없기 때문이다. 자산의 안전성을 최우선으로 여기는 연기금 같은 기관 투자자에게는 선택지가 많지 않다. 예를 들어 주식시장에 투자하면 더 높은 수익을 얻을 수 있지만, 일시적이든 영구적이든 돈을 잃을 위험이 용납할 수 없을 정도로 크다.

또한 금리가 플러스일 때조차도 인플레이션을 고려하면 손해를 볼 수 있다는 점도 중요하다. 예를 들어 국채 이자가 1퍼센트인데 인플레이션이 2퍼센트라면, 국채 매수자의 구매력은 그들이 받는 이자보다 더 크게 깎여나가는 셈이다. 그럼에도 일부 투자자들은 이런 상황을 받아들인다. 주식시장에서 단기적으로 손실을 보는 것보다는 실질 가치가 조금 줄어들더라도 자산의 안전성은 지킬 수 있기 때문이다.

이 구조는 정부에게 더할 나위 없이 좋은 조건이다. 매년 이자를 지급하더라도 갚아야 할 '실질' 부채는 더 큰 폭으로 줄어들기 때문이다.

국가부채의 두 얼굴
: 성장 엔진 vs. 시한폭탄

국가부채를 줄이는 일은 어려울 뿐 아니라 생색도 잘 나지 않는 일이다. 최근 영국의 사례만 봐도 알 수 있다. 2009년부터 2019년까지 영국 정부는 재정 적자를 해소하려는 시도로 '긴축의 10년'을 시행했다. 이는 부채를 줄이려는 게 아니라 부채가 더 늘어나는 것을 막아보려는 조치였다.

당시 정부는 국민들의 원성을 들으며 여러 예산을 삭감했지만,[11] 그 결과 줄어든 정부 지출은 총 320억 파운드에 그쳤다. 큰 금액처럼 보이겠지만 이는 정부 총지출의 단 10퍼센트에 불과하다. 재정 적자를 줄이는 일도 이토록 힘겨웠는데 흑자를 내서 국가부채를 상환하려면 얼마나 많은 노력이 필요할지 상상해보라.

따라서 국가부채가 2조 4,000억 파운드로 확대된 것은 그리 놀랄 일도 아니다(이 책이 출간된 이후로 몇 년이 흘렀다면, 이 수치도 매우 낮게 느껴질지 모른다). 그리고 매번 새로운 기록을 경신할 때마다 언론에서는 나라가 파산 위기에 처했고, 국가부채에 짓눌려 우리 모두 곧 압사될 거라며 암울한 헤드라인을 쏟아낸다. 그게 사실일까? 확실히 아는 사람은 아무도 없고 나 역시 의견만 제시할 수 있을 뿐인데, 내 생각을 밝히자면 '어느 정도 그렇다'이다.

우선 국가부채가 생각만큼 심각한 문제가 아닐 수도 있는지부터 짚어보자. 첫째, 국가부채에는 정해진 상환 기한이 없다. 다소 허황되게 들리겠지만, 부채를 반드시 갚아야 할 필요는 없다. 물론 개별 국채는 만기일이 있기 때문에 언젠가는 돈을 돌려줘야 한다. 하지만 정부는 새로운 국채를 발행해 그 자금으로 기존 채권자에게 돈을 갚는 방식으로 부채를 '연장'할 수 있다. 이론적으로는 이 과정이 영원히 반복될 수도 있다. 정부가 이따금 국채를 만기에 상환하고 새로운 국채를 발행하지 않는 경우도 있지만, 이는 선택의 문제이지 의무사항이 아니다.

둘째, 2조 4,000억 파운드라는 수치 자체가 그렇게 큰 금액이 아니라는 점이다. 물론 2조 4,000억 파운드가 사상 최고 금액이라는 데 이견은 없지만, 경제는 시간이 지날수록 성장하기 때문에 지탱 가능한 부채의 규모도 함께 커진다. 예를 들어 연소득 3만 파운드일 때보다 연소득 10만 파운드일 때, 1만 파운드의 부채를 더 쉽게 감당할 수 있는 것과 같다. 국가도 마찬가지다. GDP가 커질수록 더 많은 부채를 감당할 수 있다. 정부부채는 명목 금액(파운드 기준)보다는 GDP 대비 비율로 살펴보는 것이 훨씬 유용하다.

아래 〈그림 18〉에서 볼 수 있듯 현재 영국의 GDP 대비 국가부채 비율은 역사적 기준에서 볼 때 그리 나쁜 수준은 아니다. 현재 영국의 국가부채는 GDP의 약 98퍼센트 수준으로 과거 최고 수준에 비하면 훨씬 낮은 편이다.[12] 도표를 보면 두 차례 세계대전 시기에는 국가부채가 폭증했다가 전쟁 이후 경제성장으로 GDP가 커져 부채 비율이 줄어든 덕분이기도 하고, 정부가 실제로 부채를 갚아나간 덕분이기도 하다.

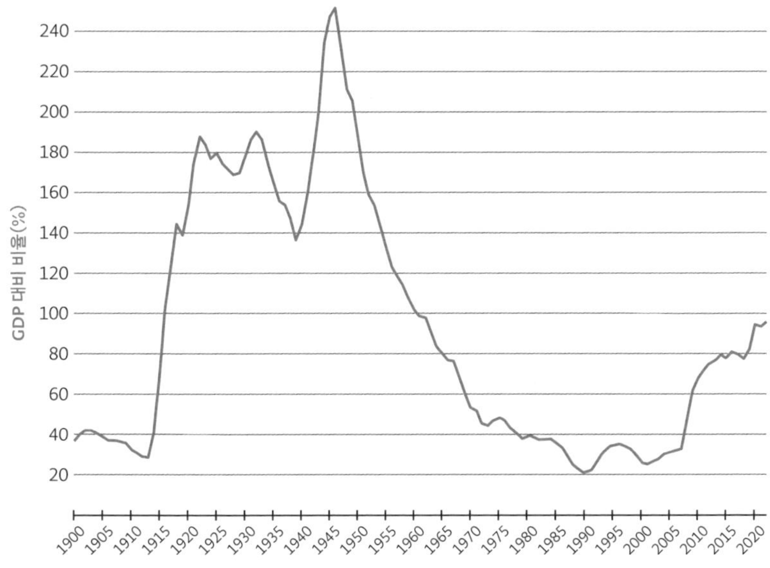

그림 18. 영국의 GDP 대비 순국가부채 비율[13]

GDP 대비 국가부채가 더 높았던 적도 있었으므로 지금 수준은 큰 문제가 아니라는 주장이 가능하다. 그렇다면 정말 괜찮은 걸까? 이 주장에 대한 반론은 이렇다. 과거 전시 상황에서는 부채가 높았지만, 지금처럼 평화로운 때에 이처럼 높은 부채 비율을 기록한 적은 없다는 것이다. 전쟁이 터진 것도 아닌데 정부가 이렇게까지 많은 돈을 빌리는 것이 과연 타당한가?

또 하나 짚어볼 게 있다. 지난 50년 동안 GDP 대비 국가부채 비율이 떨어진 또 다른 이유는 인플레이션이다. 인플레이션이 발생하면 모든 것이 더 비싸지고, 추가적인 생산이 없어도 GDP를 증가시킨다. 즉 부채가 그대로여도 인플레이션으로 인해 GDP가 증가하면, GDP 대비 국가부채 비율은 감소한다(이는 많은 책에서 지루할 정도로 반복되는 내용이지만, 10장에서 미래를 예측할 때는 특히 중요해진다).

최근까지 2조 4,000억 파운드의 국가부채에 대해 긍정적일 수 있었던 세 번째 이유는, 전반적으로 금리가 매우 낮았기 때문이다. 2020년 4월, 영국 정부는 10년 만기 국채를 0.375퍼센트의 금리로 발행하고 있었다.[14] 이는 극도로 낮은 수치일 뿐만 아니라 인플레이션율보다도 낮았다. 즉 정부는 결국 투자자들이 처음 빌려준 돈보다 가치가 떨어진 돈으로 부채를 상환하게 되었다.

정부가 실제로 지급하게 되는 금리는 매우 중요한데, 그 이유는 국가의 재정 건전성에 대한 가장 큰 위협은 부채의 절대적인 액수가 아니라 부채 상환 비용이기 때문이다. 〈그림 19〉는 현재의 상환 비용이 역사적으로 볼 때 어느 정도인지 보여준다. 이번에도 GDP

대비 비율로 나타냈다. 국가부채 총액은 꾸준히 증가해왔지만, 정부가 매년 지급하는 이자 비용은 GDP 대비 감소했다. 그 주된 이유는 수십 년 동안 금리가 하락해왔기 때문이다.

분명 영국은 과거에 훨씬 더 큰 상환 부담을 감당해왔다. 현재 GDP의 약 3퍼센트인 이자 부담은 낮은 수준이다. 물론 그런 부담을 질 필요가 없다면 가장 좋을 것이다. 현재 국가부채에 따른 이자 지급 액수는 경찰, 법원 및 교정 시설에 들어가는 예산 전체와 맞먹는 수준이다.[15] 정부 수입의 90퍼센트 이상이 세금에서 나오는데,[16] 과거에 진 부채의 이자를 낼 필요가 없다면 정부는 세금을 줄이거나 지금 당장 국민에게 혜택이 되는 곳에 예산을 쓸 수 있을 것이다.

그림 19. 영국의 GDP 대비 국가부채 이자 지급 비율17

도표의 끝부분을 보면 작지만 급격한 증가세가 보인다. 과거에 봤던 것과 유사한 일시적 변동일까, 아니면 장기적 추세의 시작일까?

정확한 답은 알 수 없지만, 후자일 가능성이 높다. 나중에 더 자세히 살펴보겠지만, 2022년 한 해 동안 영국 정부의 차입 비용은 가파르게 상승했다. 2022년 9월에 발행된 10년 만기 국채 금리는 4퍼센트가 넘었다. 불과 몇 년 전 0.5퍼센트 미만이었던 것과 비교하면 큰 변화다.

이는 현재의 금리 상승이 일시적인 현상이 아니라면, 앞으로 정부는 과거에 낮은 금리로 빌린 부채를 더 높은 금리의 새로운 부채로 상환해야 한다는 뜻이다. GDP가 눈에 띄게 성장하지 않는 한, GDP에서 차지하는 이자의 비중은 지금보다 더 커질 수밖에 없다. 즉 정부 재정의 더 많은 몫을 부채 상환에 할애하거나 세금을 인상해야 한다는 뜻이고, 결국 경제성장에도 악영향을 마칠 수 있다.

저금리 부채의 만기가 수년에 걸쳐 돌아오면서, 이 문제는 서서히 드러날 것이다. 그러나 일부 국가들은 이자 비용 상승을 체감하고 있는데, 특정 부채에 대한 이자가 인플레이션과 연동되어 있기 때문이다. 영국은 특히 이 위험에 노출되어 있다. 국가부채의 25퍼센트가 인플레이션에 연동되어 이자가 지급되는 '물가연동채'이기 때문이다.[19] 이는 미국 8퍼센트, 독일 5퍼센트 미만인 것과 비교하면 매우 높은 수치다. 2022년 9월 영국 정부가 지급해야 할 이자는 2021년 9월에 비해 49퍼센트 증가했다.[20] 이는 저금리 부채가 고

금리로 본격 대체되기도 전에 발생한 일이었다.

많은 정부가 1970년대 이후 습관적으로 적자재정을 운영해왔다. 이런 형태에는 부작용이 뒤따르기 마련인데, 어떤 일이 문제로 불거지기 전에는 문제의식을 느끼지 못한다는 것이다. 대부분의 사람은 직관적으로 정부가 시간이 지나면 '재정 균형'을 맞출 수 있어야 한다고 생각한다. 특별한 위기가 없는 평상시에도 정부가 수입보다 더 많은 지출을 필요로 한다면 이상하게 여길 것이다.

수십 년 동안 주류 경제학에서는 정부의 이런 행태가 크게 중요하지 않다고 주장해왔다. 경제성장을 통해 해결하면 될 일이라는 입장이었다. 하지만 재정적자가 쌓여 거대한 부채가 되었고, 이에 따라 지급해야 할 이자 비용이 빠르게 증가하면서 이런 상황이 시급히 해결해야 할 문제가 되었다.

사실상 이는 이전 장에서 가계부채의 맥락에서 살펴본 '투자용 대출'과 '생계용 대출'의 차이와 마찬가지다. 만약 집값 상승을 예상해 주택 구매를 위해 2만 파운드를 대출받았다면 나는 박수를 보낼 것이다. 하지만 기존 부채의 일부를 상환하고 내년까지 먹고살 물품을 구입하기 위해 2만 파운드를 대출받았다면 걱정이 될 것 같다.

마찬가지로 정부가 특정 연도에 전국 데이터 통신망을 개선하기 위해 230억 파운드를 빌려 향후 10년 동안 230억 파운드 이상의 생산성 향상 효과를 낼 계획이라면, 그 계획에 대한 동의 여부와는 별개로 논리적인 판단이라고 생각할 것이다. 하지만 일상적인 정부 활동을 충당하기 위해 230억 파운드를 빌리고, 내년에도 가로등 유지비 등을 위해 또다시 230억 파운드를 빌려야 한다면, 이는 우려스러운 일이다.

그리고 이것이 바로 현재 진행되고 있는 상황이다. 2019년 3월까지(이 시기를 택한 이유는 코로나 관련 정부 차입이 발생하기 이전이기 때문이다) 한 해 동안 정부가 새로 차입한 금액이 230억 파운드였다.[21] 이 중 대부분은 생산성을 높이는 새로운 인프라에 투자하기 위한 것이 아니라 단순히 정부 재정을 유지하기 위한 것이었다.

부채 시스템의
마지막 단계

이번 장에서는 정부가 막대한 채무자임을 보여주었다. 이전 장에서 확인했듯 개인과 기업 역시 부채를 늘려왔다. 더 중요한 사실은 이 모든 부채가 지난 40여 년 동안 극적으로 증가했다는 점이다.

지금까지의 내용을 종합하면, 우리는 1970년대 이후 등장한 새로운 금융 세계에 대한 윤곽을 조금씩 그려가고 있다. 낮은 수준의 금리, 안정적인 인플레이션, 그리고 끝없이 늘어나는 부채로 특정지어졌던 이 세계는 영원히 지속될 것처럼 보였다. 그러나 2가지 전례 없는 경제적 사건이 우리의 금융 시스템을 극단으로, 그리고 어쩌면 그 너머로 밀어붙였다.

그중 하나는 2007년 세계 경제의 표면 아래에서 꿈틀대기 시작하다 2008년 9월 폭발한 사건이다. 평판 좋던 대규모 미국 은행이 사업을 지속할 자금이 없다고 선언한 것이다. 곧이어 전 세계 은행이 감당할 수 없는 금융 공학에 관여하고 있었다는 사실이 밝혀졌다. 미국 교외에서 시작된 금융 공학 사건이 전 세계에 파급을 미치게 된 것이다.

오랫동안 정부는 낮은 금리와 인플레이션을 통해

거의 공짜로 돈을 조달했다.

그러나 2022년, 게임의 룰이 바뀌었다.

0.5% 미만이던 국채 금리는

4%를 넘어섰다.

국가부채의 이자는 더 이상 남의 일이 아니다.

그 막대한 부담은

결국 국민 경제의 비용이 된다.

국가의 이자 비용이

당신의 삶의 질을 결정한다.

부의 격차를 만드는 양적완화의 민낯

불평등을 심화시키는 긴급 처방의 실체

“위기를 구실 삼아
찍어낸 돈은
또 다른 위기의
씨앗이 된다.”

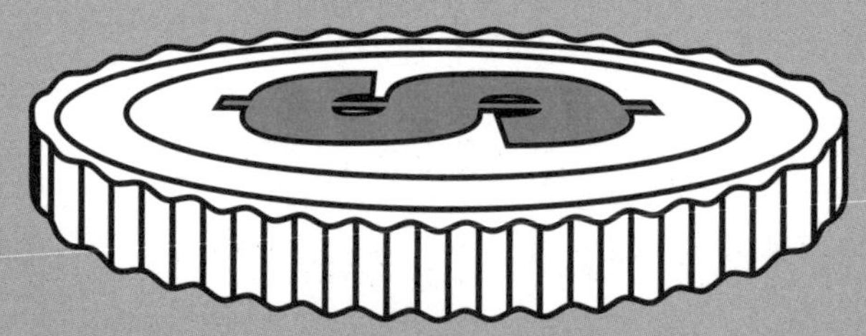

‘교만은 추락의 전조’라는 영국 속담이 있다.

2004년 중앙은행들이 우리가 ‘대안정기Great Moderation’(1980년대 이후 저물가, 저금리의 안정적 경제성장기-옮긴이)에 진입했다고 자축하기 시작했을 때, 위기는 이미 예고된 것이나 다름없었다. 그들은 자신들의 영리한 통화정책 덕분에 위험한 호황과 불황의 사이클에서 세계 경제가 벗어날 수 있었다고 믿었다.

하지만 그 교만은 불과 4년 만에 대가를 치렀다. 2008년 글로벌 금융위기가 터졌고, 중앙은행들은 완전히 새로운 종류의 도전에 직면하게 되었다. 1970년대와 1980년대 초까지만 해도 그들의 주요 임무는 치솟는 인플레이션을 억제하는 것이었다. 그러나 이번에는 반대였다. 디플레이션, 즉 물가 하락이라는 낯설고 위험한 적과 전투를 벌이게 된 것이다.

이 장에서는 2008년 금융위기로 돌아가, 왜 그 사건이 디플레이션을 초래했는지 살펴보겠다. 그리고 중앙은행들이 그 문제를 해결하기 위해 발명한 새롭고도 기이한 도구에 대해 살펴보고, 그 도구가 예상만큼 효과적이지 않았던 이유를 알아볼 것이다. 실제로 디플레이션은 그 후로도 10년 넘게 경제를 위협하는 요인이 되었다. 이는 새로운 현상이었다. 도대체 세계 경제에 무슨 일이 있었던 걸까?

2008년 금융위기의
진짜 원인

2008년이 오기 전까지 대부분의 선진국은 전형적인 경제 호황기를 누리고 있었다. 금리가 특별히 낮았던 것은 아니었지만 소비자들은 여전히 대출을 받으려 했고, 은행들 역시 기꺼이 돈을 빌려줬다. 그중에는 집값보다 더 많은 돈을 대출해주는 비정상적인 주택담보대출도 포함되어 있었다. 실제 거품과 마찬가지로 이런 상태의 경제는 바늘로 살짝 찌르기만 해도 터질 수밖에 없었다.

그리고 2008년, 그 거품을 터뜨린 바늘은 미국 서브프라임 모기지 시장의 갑작스러운 붕괴였다. '서브프라임subprime'이라는 단어는 은행가들이 고안한 '상환할 능력이 전혀 없는 사람들'을 뜻하는 일종의 미사여구였다.

이 사태 이면에 있던 원인은 주택 소유자의 탐욕이 아니라 '금융 혁신'이었다. 은행은 여러 개별 모기지를 묶어 패키지화하고, 수학적 기법을 동원해 그 전체 패키지를 어떻게든 '안전하다'고 주장한

다음, 이를 다른 금융기관에 되팔아 큰 수익을 올렸다.

그러다 더 이상 기존 대출을 묶을 수 없게 되자 은행들은 대출 상환 능력이 없는 사람들에게까지 무리하게 신규 대출을 내주기 시작했다. 결국 많은 채무자가 대출금을 갚지 못하고 집 열쇠를 반납하기 시작하자 은행과 금융기관들은 대규모 부실채권을 손실 처리해야만 했다. 이로 인해 많은 금융기관이 파산 위기에 내몰렸고 일부는 실제로 파산했다.

그 결과 갑자기 돈이 무서운 속도로 사라지기 시작했다.

- 채무불이행 상태의 대출은 손실 처리되었고, 이는 돈이 완전히 사라지게 만드는 결과를 낳았다(대출을 실행할 때 돈이 창출되는 것과 반대 상황이다).
- 기존의 대출금을 대거 손실 처리할 수밖에 없었던 은행들은 대출을 꺼렸고, 새로운 돈이 창출되지 않았다.
- 설령 은행이 대출을 내주려 했더라도, 경제가 붕괴하는 상황에서 신규 대출을 받으려고 하는 사람이 없었다.

따라서 대출을 통해 창출되었어야 할 새로운 돈이 만들어지지 않았다. 결과적으로 디플레이션이 발생했다. 경제 전체의 재화와 서비스에 상응할 만큼의 충분한 돈이 없으면 가격은 하락하게 된다. 이는 나쁜 소식이다. 앞서 살펴본 것처럼 사람들은 물가가 계속 하락할 것이라 믿으면 지출을 미룰 것이다. 이런 수요 감소는 더 많은 기업의 도산을 불러와 악순환이 반복된다.

만일 모두가 너무 들뜬 상태에서 과도하게 돈을 빌리고 과소비했던 것이 위기의 원인이라면 그런 상태가 진정되고 모두 정상으로 돌아오도록 두고 보는 것이 해결책일 것이다. 즉 파산할 사람은 파산하도록, 폐업할 곳은 폐업하도록, 고통을 겪는 곳은 감내하도록 일단 놔두는 것이다. 당장은 끔찍하겠지만 모든 것이 정리되고 나면 훨씬 더 견고한 기반 위에서 경제를 재건할 수 있다.

그런데 정부는 '지금의 고통을 감수하자'라는 선택을 좋아하지 않는다. 사람들이 현재의 재정 상황에 불만을 품으면 다음 선거에서 정권을 빼앗길 수 있기 때문이다. 덜 냉소적으로 보자면, 사람들은 이미 충분히 고통스러워하고 있었다. 전례 없는 수준의 정부 대응에도 불구하고, 영국의 실업률은 5퍼센트에서 거의 8.5퍼센트까지 치솟았고[1] GDP는 1년 넘게 하락했다.[2] 만약 정부의 개입이 없어서 금융위기로 멀쩡한 기업들까지 무너졌다면 경제 재건은 훨씬 어려워졌을 것이고, 결국 정부 지원이 더 오랫동안 필요했을지도 모른다.

이런 끔찍한 사태에 직면한 세계의 중앙은행들은 '지금 고통을 감수하고 끝내자'라는 식의 대응과는 정반대의 조치를 취했다. 대신 그들은 그 어느 때보다 강력한 통화정책이라는 비장의 수를 꺼냈다.

대부분의 중앙은행은 빠르게 금리를 인하했다. 영국의 경우 1년 남짓한 기간에 금리를 5.5퍼센트에서 0.5퍼센트로 인하했고, 미국과 유로존 국가들도 비슷한 조치를 취했다.[3] 이러한 조치는 이자 상환 부담을 줄여줬기 때문에 많은 개인과 기업이 대출금을 갚지 못하는 상황을 모면할 수 있었다. 보통이라면 돈을 빌리는 비용이 저렴해기 때문에 신규 대출 수요도 증가했을 것이다.

실제로 이 조치로 대출 수요가 어느 정도 증가했을지도 모른다. 그러나 대출을 크게 활성화하기에는 역부족인 것이 분명했다. 경제 전망이 어둡고 불확실성이 가득한 상황에서는, 비용이 아무리 저렴해져도 사람들이 돈을 빌리거나 은행이 빌려주도록 설득하기가 어렵기 때문이다.

몇몇 국가는 이러한 파격적인 금리 인하만으로도 경제를 안정화시킬 수 있었다. 그러나 가계와 기업의 부채 수준이 높고, 이 모든 혼란을 초래한 금융 부문에 크게 노출되어 있었던 미국과 영국에서는 이 정도 조치로는 충분하지 않았다.

그렇다면 어떤 선택지가 더 남아 있었을까? 기준금리를 제로 이하(마이너스 금리)로 내리는 방안은 당시만 해도 현실적이지 않다고 여겨졌다. 즉 중앙은행들은 금리 조정이라는 화력을 거의 다 소진한 상태였다. 그래서 그들은 일본 외에는 한 번도 시도해본 적 없었던 또 다른 아이디어를 생각해냈다. 그것이 바로 '양적완화Quantitative Easing, QE'였다.

'양적'은 무언가의 양(이 경우는 돈)을 의미하고, '완화'는 '더 많이'라는 뜻이다. 그렇다. 양적완화는 경제학자들이 말하는 '돈을 찍어내는 것creating money'을 의미한다. 2008년 이후 몇 년 동안 디플레이션을 막고 인플레이션 목표를 달성하려는 중앙은행들에게 양적완화는 새로운 해결책이 되었다. 그렇다면 이 양적완화는 도대체 어떤 원리로 작동하는 것일까?

아무도 가르쳐주지 않는 '헬리콥터 머니'의 정체

양적완화로의 전환은 중앙은행의 역할에 근본적인 변화를 가져왔다. 앞서 5장에서 보았듯 중앙은행은 보통 직접적으로 돈을 만들어내지는 않는다. 그 대신 대출과 차입의 가격인 기준금리를 설정함으로써 시중은행이 돈을 창출하도록 유도한다. 이전의 경기침체나 경제불황 시기에는 중앙은행이 할 일은 단순했다. 필요하다고 판단되는 만큼 기준금리를 인하해 대출을 촉진하고, 그 결과 통화 공급이 늘어나도록 유도하는 것이었다.

하지만 2008년 금융위기 이후 중앙은행들이 양적완화라는 새로운 카드를 꺼내면서, 그들은 돈의 창출 과정에 훨씬 더 직접적으로 개입하기 시작했다. 그 규모도 어마어마했다. 미국에서는 2008년 한 해에만 6,000억 달러를 새로 찍어냈고,[4] 영국도 몇 달 후 2,000억 파운드를 시장에 투입했다.[5] 유럽중앙은행ECB은 2015년에서야 양적완화 대열에 합류했으며,[6] 그와 동시에 마이너스 금리라는 이례적인 조치까지 단행했다. 한편 일본은 2010년에 양적완화를 재개했다.[7] 지금은 미국과 영국에 집중해보자.

양적완화는 지극히 단순한 과정이다. 실제 돈을 창출하는 과정 자체는 간단하다. 앞서 살펴본 것처럼, 중앙은행은 단지 키보드를 몇 번 두드리는 것만으로도 새로운 돈을 만들어낼 수 있다. 자신들의 계좌에 숫자 '0'을 몇 개 더 붙이기만 하면 된다.

문제는 새로 찍어낸 이 돈을 어떻게 세상에 풀 것인가이다. 중앙은행가들의 해결책은 갓 만든 돈으로 국채와 기타 금융자산을 매입하는 방식이었다. 매입 대상은 다양했다. 미국에서는 주택저당증권MBS이 포함되었고, 영국에서는 기업이 발행한 소량의 채권도 포함되었다. 그러나 중앙은행이 주로 매입한 자산은 국채였다. 거시적인 관점에서 보면, 매입한 자산의 구체적인 종류는 크게 중요하지 않기 때문에 지금부터는 이 자산을 국채로 통칭하겠다.

양적완화 과정의 핵심은 중앙은행이 정부로부터 새로 발행된 국채를 직접 사들이지 않는다는 점이다. 그 대신 이미 국채를 보유하고 있는 기관으로부터 '기존' 국채를 구매한다. 따라서 기본적인 과정은 다음과 같다.

1. 중앙은행이 '무'에서 새로운 돈을 만들어낸다.
2. 이 돈으로 은행, 보험사, 연기금 등이 보유한 국채를 매입한다.
3. 결과적으로 그 기관이 새롭게 창출된 돈을 보유하게 되고, 중앙은행은 해당 국채를 자산으로 보유하게 된다.

정부는 기존 국채 보유자에게 이자를 지급하듯 중앙은행에도 이자를 지급해야 한다. 하지만 이는 사실상 정부의 한 부서에서 다른 부서로 돈이 이동하는 것이기 때문에, 경제에 실질적인 영향을 마치지 않는다.

그래서 얼핏 이 모든 과정이 다소 이상하고 무의미해 보일 수 있다. 현금과 국채를 단순히 맞바꾼 것처럼 보이기 때문이다. 하지만 핵심은 이 교환을 성사시키려고 돈이 새로 창출되었다는 점이다. 이전에는 국채 하나만 있었지만, 이제는 국채도 있고 현금도 있게 된 것이다. 이것이 '양적'에 해당하는 부분으로, 결과적으로 경제 내 통화량이 증가했다.

그렇다면 이 모든 일의 목적은 무엇일까? 양적완화는 이전에 시도된 적 없는 전례 없는 정책이었기에, 경제학자들과 은행가들 사이에서도 그것이 어떻게 작동할지 정확히 아는 사람이 없었다. 다만 그들은 이 정책이 효과를 낼 것이라는 믿음만을 공유하고 있었을 뿐이다.

양적완화가 시행될 당시 미국 연방준비제도이사회 의장이었던 벤 버냉키Ben Bernanke는 2012년 "양적완화의 문제점은 현실에서는 작동하지만 이론에서는 작동하지 않는다는 것이다"[8]라고 말하기도 했다.

하지만 영국은행이 2009년에 친절하게도 이 주제를 다룬 보고서를 발표한 덕분에 우리는 영국은행이 양적완화가 어떻게 작동하기를 기대했는지에 대해 좀 더 들여다볼 수 있다.[9]

중앙은행은 어떻게
시장에 돈을 푸는가

영국은행에 따르면, 양적완화는 별개이지만 상호 연관된 4가지 효과를 통해 소비지출을 촉진하고, 그 결과로 소비자물가 상승을 유도하기 위한 것이다.

효과 1 국채 가격 상승을 통한 소비지출 증가

양적완화 매커니즘은 국채의 수급 구조를 바꿨다. 발행된 국채의 총량은 그대로지만, 새로운 거물급 매수자(영국은행)가 등장했기 때문이다. 모든 시장의 원리가 그렇듯 수요가 증가하면 가격은 오르기 마련이다.

이런 일이 가능한 이유는, 국채는 처음 발행될 때 액면가가 있지만 이후 2차 시장에서 액면가보다 더 높거나 낮은 가격에 거래될 수 있기 때문이다. 따라서 액면가 100파운드의 국채가 발행되더라도 향후 국채에 대한 수요가 급증하면 그 가치는 110파운드 혹은 그 이상으로 상승할 수 있다.

이는 기존 국채 보유자들의 자산 가치가 갑자기 커진다는 의미이며, 영국은행은 이로 인해 부가 증가한 사람들이 소비지출을 늘릴 것이라고 보았다.

이와는 별개로 국채 수요의 증가는 정부의 차입 비용을 낮추는 효과도 가져왔다. 국채 가격이 상승하면, 국채를 보유한 대가로 받는 지급액이 시장 가치에서 차지하는 비율은 오히려 낮아지기 때문이다. 예를 들어 정부가 연간 5파운드의 고정 이자를 지급하는 100파운드짜리 국채를 발행했다고 가정해보자. 처음 수익률은 5퍼센트(5÷100)이지만 이 국채를 누군가 110파운드에 산다면 고정 이자 5파운드는 동일하기 때문에 다음번 보유자의 수익률은 4.5퍼센트(5÷110)로 줄어든다는 것이다.

결과적으로 정부는 이제 연간 4.5파운드의 이자를 지급하는 새로운 100파운드짜리 국채를 발행할 수 있다. 누군가 더 높은 수익률을 찾아 2차 시장을 뒤져봐도 그런 매물은 찾기 어려울 것이다. 국채 수익률은 이제 4.5퍼센트가 새로운 기준이 된 것이다. 정부 입장에서는 차입 비용이 하락했으니 좋은 소식이다.

이는 또 다른 효과를 가져온다. 영국은행은 주로 정부가 발행한 국채를 매입했지만, 다른 모든 대출금리는 국채 금리를 기준으로 책정된다. 그 이유는 신용도가 가장 높은 정부의 대출 금리가 곧 해당 국가의 대출금리 최저 기준이 되기 때문이다. 이론상 정부의 차입 비용이 낮아지면 기업과 가계의 차입 비용도 낮아지기 마련이다. 결국 가계는 더 싸게 돈을 빌릴 수 있게 되므로 소비지출을 늘리고, 기업은 낮은 금리로 자금을 조달해 투자에 나서게 된다.

휴, 양적완화의 효과 하나를 이야기했을 뿐인데 설명이 길었다.

효과 2 부동산, 주식시장 등 다른 자산의 가격 상승을 통한
소비지출 증진

지금까지 살펴본 양적완화의 메커니즘은 매우 기발하지만 한 가지 근본적인 문제는 여전히 남는다. 미래에 대한 신뢰가 무너진 상황에서는, 아무리 금리를 낮추고 돈을 쉽게 빌릴 수 있게 해도 사람들이 대출 자체를 꺼린다는 점이다. 바로 이 지점에 다른 효과들이 등장한다.

대출금리와 마찬가지로 국채 가격은 다른 모든 자산 가격에 영향을 미친다. 즉 국채 가격이 오르면 그 여파로 부동산, 주식 등 다른 자산의 가격도 상승시키는 효과를 낸다.

이렇게 자산 가치가 상승하면 자산 소유자들은 더 부유해졌다고 느낄 것이고 따라서 재화와 서비스에 더 많은 돈을 쓸 가능성이 높아진다. 양적완화 메커니즘의 이 부분은 중요하고 장기적으로 영향을 미치기 때문에 다음 장에서 더 자세히 살펴볼 것이다.

효과 3 은행의 대출 능력과 의지 증진

이는 중앙은행에 예치된 시중은행의 지급준비금 잔고와 관련된 매우 복잡한 메커니즘을 통해 구현되었다. 이 메커니즘이 정확히 어떻게 작동하는지 자세히 다루지 않겠다. 대체로 이해하기 어려울 뿐만 아니라 실질적으로 큰 의미가 없기 때문이다. 그 대신 은행이 대출을 늘리면 소비자들이 더 많은 돈을 빌려 지출을 늘릴 수 있다는 사실은 분명히 기억해둘 필요가 있다.

효과 4) 영국은행이 2퍼센트 인플레이션 목표에

전념하고 있음을 확신시키기

영국은행은 필요한 모든 수단을 동원해 인플레이션 목표를 달성하겠노라고 대중을 확신시킬 필요가 있었다(영국은행 보고서에는 이 부분이 '무슨 수를 써서라도'라고 표현되어 있다).[10] 디플레이션에 대한 우려를 불식시켜야 했기 때문이다. 앞서 이야기했듯 디플레이션 상태에서는 사람들이 기다리면 가격이 떨어질 것이라고 예상하기 때문에 지출을 미루게 된다. 영국은행은 인플레이션율이 2퍼센트로 일정하게 유지될 거라는 기대를 심어줌으로써 사람들이 안심하고 지출과 투자를 이어가도록 유도하고자 했다.

양적완화는
약일까, 독일까

기발한 정책을 만들어낸 중앙은행 총재들은 자신들의 엄청난 연봉을 정당화했다. 궁금해할 것 같아서 연봉을 밝히자면, 영국은행 총재의 연봉은 57만 5,538파운드(한화로 약 10억 원-옮긴이) 정도이고,[11] 미 연방준비제도 의장의 연봉은 생각보다 적은 20만 3,500달러(한화로 약 2억 7,000만 원-옮긴이) 정도다.[12]

〈그림 20〉이 보여주듯 그 조치들은 효과가 있었다. 영국에서는 디플레이션이 전혀 발생하지 않았고 미국에서는 일시적으로 마이

너스로 떨어지긴 했지만, 양국 모두 GDP는 단 한 해 동안만 하락했
다. 앞에서 열거한 모든 설명이 헛된 일이 아니라서 다행이다.

양적완화 또는 이와 동시에 시행된 금리 인하 조치는 이러한 성
공에 각각 어느 정도 기여했을까? 혹은 단순히 운이 좋았던 건 아
닐까? 확실한 답을 내놓기는 불가능하다. 양적완화 조치를 빼고 모
든 게 동일한 경제 상황을 만들어 실험을 해볼 수는 없는 노릇이기
때문이다. 실제로 벤 버냉키는 그의 회고록에서 "미국의 경제 회복
에 통화정책이 얼마나 기여했는지는 정확히 알 수 없다. 연준이 그
런 조치를 취하지 않았다면 어떤 일이 일어났을지 추측만 해볼 뿐
이다"라고 언급했다.

그러나 영국은행은 양적완화의 효과를 정량화하려는 시도를

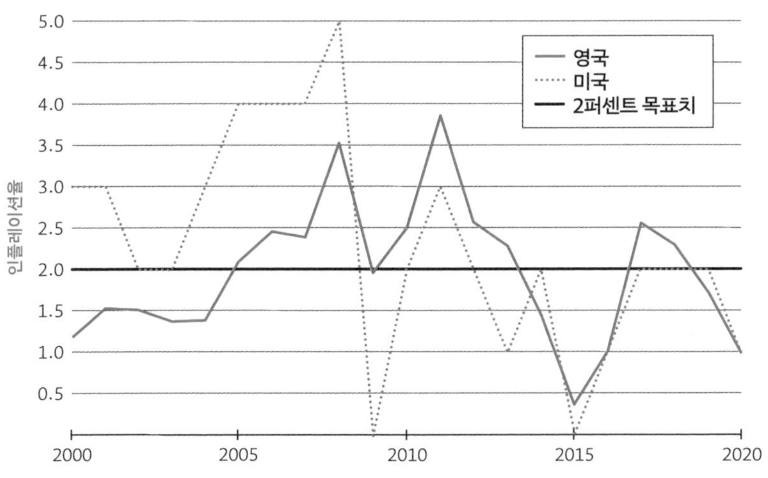

그림 20. 영국과 미국의 인플레이션율 추이[13]

했다. 인플레이션보다는 GDP에 미치는 영향에 초점을 맞췄으며, 2009년부터 2012년 사이에 창출된 3,750억 파운드(2009년 2,000억 파운드에 이어 2012년 1,750억 파운드가 추가됨)의 신규 통화가 GDP를 1.5~2퍼센트가량 성장시켰다는 결론을 내놓았다.[14] 이를 계산해보면 230~280억 파운드의 추가적인 소비지출을 유발한 셈이다.

다시 말해 위에서는 3,750억 파운드를 쏟아부었지만, 그 결과 아래에서는 많아야 280억 파운드만이 추가 지출 형태로 흘러나온 것이다. 나머지 돈은 금융 시스템 어딘가에 머물러 있었고, 재화와 서비스로 이루어진 '실물경제'로는 유입되지 못했다.

사실 이건 그렇게 놀라운 일이 아니다. 소비지출 증대는 이론적으로도 길고 복잡한 사슬의 맨 끝에 있기 때문이다. 만약 영국은행이 정부에 직접 돈을 줘서 일자리를 만드는 데 사용하게 하거나, 저금리 대출을 조건으로 은행에 자금을 지원하거나, 아니면 국민 모두에게 정부가 직접 자금을 지원하는 등 덜 복잡한 방법을 선택했다면, 그 새로운 자금이 실제로 소비지출로 이어졌을 가능성도 있다.

왜 그렇게 하지 않았을까? 다른 수단이 배제되거나 고려되지 않았던 이유에 대한 설명을 찾아볼 수 없으니 우리는 그저 추측만 할 수 있을 뿐이다. 이상하게 들리겠지만, 내가 생각하기에 그 부분적인 이유는 그들이 채택한 양적완화 메커니즘이 너무 불투명하고 파악하기 어려웠기 때문일 수 있다. 아무것도 없는 상태에서 현금을 새로 창출해 개인에게 나눠주는 방식은 너무나도 뻔한 조치라 오히려 이상해 보였을 것이다. 하지만 나중에 살펴보게 되겠지만 2020년에 이르자 미국 정부는 실제로 그런 조치를 취했다.

앞에서 살펴봤듯 자산 가격을 높이는 것이 양적완화 메커니즘의 핵심이었다. 여기에는 사람들이 자신의 자산 가치에 좀 더 만족하도록 함으로써 소비지출을 늘릴 수 있다는 이론이 적용되었다. 사람들이 실제로 더 많은 소비를 했을까? 어느 정도는 그랬을 것이다. 그들의 자산 가치는 의심할 여지 없이 큰 폭으로 상승했다. 영국은행의 한 추정에 따르면 양적완화 조치로 인해 주식과 채권 가격은 20퍼센트 정도 상승했다.[15]

중요한 점은 자산 가격의 상승 효과는 소비자물가지수CPI 통계에 반영되지 않는다는 것이다. CPI 조사 품목에 자산은 포함되지 않기 때문이다. 하지만 CPI에 반영되지 않는다고 해서 사람들에게 영향을 미치지 않는 것은 아니다. 양적완화가 자산 가격에 미친 부작용은 오늘날 우리가 처한 상황에 막대한 영향을 미쳤다. 이는 다음 장에서 깊이 탐구해볼 주제다.

빚으로 만든
위태로운 경제 회복

어떠한 경제적 충격도 영원히 지속되지 않는다. 언젠가는 위기가 지나가고, 신뢰는 회복된다. 그때가 되면 시행했던 경기부양책은 철회되어야 한다. 이는 역사적으로도, 이론적으로도 자명한 원칙이며, 정상적인 경제 시나리오라면 다음과 같은 순서가 맞다.

1. 2008년 중앙은행은 경기침체를 막기 위해 금리를 인하하고, 양적완화를 도입한다.
2. 시간이 지나 신뢰가 회복되고, 경제가 살아난다.
3. 양적완화가 종료되고, 금리는 서서히 인상된다.

간단하다. 그런데 실제로는 그렇게 흘러가지 않았다. 〈그림 21〉에서 보듯 금융위기가 시작된 이후 족히 6년이 지난 2014년부터 2020년까지 미국과 영국의 인플레이션은 2퍼센트 목표치를 지속적으로 밑돌았다.

GDP 성장률 역시 양국 모두 위기 이전의 추세를 회복하지 못했다. 훨씬 더 많은 양적완화에도 불구하고 나타난 결과였다. 영국은행은 2008년 첫 2,000억 파운드와 2012년 추가한 1,750억 파운드에 이어 2016년에도 700억 파운드를 더 투입했다. 합산하면 최대 4,450억 파운드의 새로운 돈이 창출되어 금융기관에 쏟아져 들어간 셈이다. 미국의 경우 2014년 양적완화가 중단될 때까지 시장에 풀린 돈의 합산 금액은 총 4조 5,000억 달러에 달했다.[16]

초저금리는 경제를 다시 활성화시키기에 충분했어야 했지만, 현실은 그렇지 않았다. 양적완화는 단발성 충격으로 경기 회복을 이끌 것으로 예상됐으나 실제로는 그렇지 못했다. 심지어 일회성 위

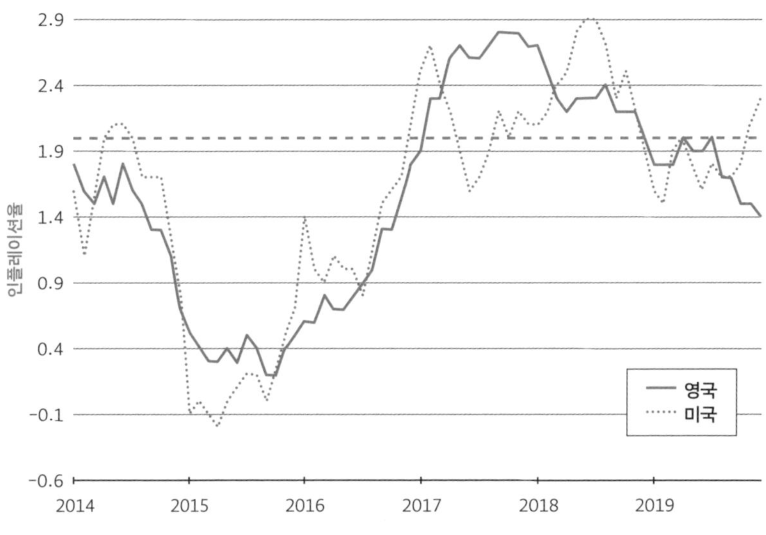

그림 21. 소비자물가지수(CPI) 추이[17]

기 대책이 아니라 일종의 관행처럼 자리 잡은 후에도 마찬가지였다. 설령 양적완화가 소비지출에는 거의 영향을 주지 못했다고 결론 내린다 해도, 그 정도로 대규모 부양책이 시행되었으면 좀 더 확실한 경기 회복이 있었어야 정상이다.

역사상 전례 없는 일도 벌어졌다. 영국은 기준금리를 인하한 뒤, 10년이 지나도록 단 한 차례도 기준금리를 인상하지 못했다. 미국은 이보다는 상황이 나아서 2019년까지 기준금리를 2.5퍼센트까지 끌어올릴 수 있었다. 비록 금융시장이 약세를 보이자 기준금리를 1.5퍼센트 수준으로 다시 낮춰야 했지만 말이다.

특히 영국 경제가 2009년에서 2020년 사이 이처럼 미미한 회복세를 보인 이유를 완벽하게 설명하는 사람은 아무도 없는 듯하다. 이는 결코 좋은 징조가 아니다. 이토록 오랜 시간이 흘렀는데도 경제가 여전히 '비상 조치'를 유지하고 있다면, 어딘가 근본적으로 잘못되었음을 보여주는 신호로 여겨질 수밖에 없다.

이는 또한 위험한 상황이다. 이미 금리를 최저 수준으로 낮춘 상태에서 일상적으로 돈을 창출하고 있다면, 다음 위기가 닥쳤을 때 어떤 선택지가 남게 될까? 필연적으로 다음 위기는 오고야 말았다. 그리고 그 위기는 거의 아무도 예상하지 못한 형태로 찾아왔다.

위기가 닥쳐 돈이 증발하자,

중앙은행은 '양적완화'라는 주문을 외웠다.

복잡하게 들리지만 핵심은 단순하다.

허공에서 숫자를 입력해 돈을 찍어내는 것.

그러나 그 돈의 대부분은

당신의 지갑이 아닌 자산시장으로 흘러갔다.

주식과 부동산 가격을 부풀려놓았다.

긴급 처방은 어느새 상시 정책이 되었다.

실물경제의 체력은 회복되지 않았는데,

시장은 값싼 돈에 길들여졌다.

다음 위기가 오면

당신은 무엇으로 버틸 것인가?

'공짜 돈'의 시대는 끝났다

돈의 가격에 적응하고 위기를 기회로 바꾸는 법

"더 많은 돈을 갈망하는 순간,
우리는 모두 중독자가 된다."

2020년은 세탁소를 운영하는 사람들에게는 악몽 같은 해였고, 치아가 좋지 않은 이들에겐 호재였으며, 경제학에 관심 있는 나 같은 괴짜들에게는 정말로 흥미로운 한 해였다. 물론 2008년 금융위기도 규모 면에서 엄청난 사건이었지만, 그 외 측면에서는 여전히 전형적인 경기침체에 속했다. 그러나 2020년 시작된 코로나 팬데믹은 차원이 완전히 다른 사건이었고, 전례 없는 정책 대응을 촉발시켰다. 그로 인해 장기적으로 미칠 영향은 지금 이 순간에도 명확히 파악되지 않고 있다.

이 장에서는 2020년이 선진국들의 '돈 중독'을 완전히 새로운 단계로 밀어넣은 해였으며, 그 결과 주요 글로벌 경제를 떠받치기 위해 훨씬 더 극단적인 수단이 동원될 수밖에 없었던 배경을 알아본다. 그런 다음 한 걸음 물러나, 이런 정책으로 인해 누적되고 있는 불쾌하고 때론 불명확한 결과를 살펴볼 것이다.

최악의
위기 시나리오

코로나19의 위협에 대응하기 위해 영국을 비롯한 전 세계 많은 국가는 국민들에게 집에 머물 것을 명령했다. 이는 경제의 상당 부분을 강제로 폐쇄하는 것과 다름없었다. 코로나19는 위기 상황으로 치면 상당히 심각한 유형에 속했다.

이전의 경제 위기와 달리 이번에는 정부가 경제의 신뢰 회복을 위한 정책을 펼쳐 사람들이 다시 소비하고 일자리를 창출하도록 독려할 수 있는 상황이 아니었다. 왜냐하면 이번엔 정부 자신이 경제를 멈춰 세운 당사자였기 때문이다. 그렇다면 이런 상황에서 정부가 할 수 있는 일은 무엇이었을까?

코로나19 위기에 대한 초기 대응은 가장 전통적인 경기부양책인 금리 인하 조치였다. 미국에서는 연방기금 금리 목표치를 1.5~1.75퍼센트에서 단숨에 0~0.25퍼센트 수준으로 낮췄다. 거의 10년간 0.5퍼센트 이하로 묶여 있던 기준금리가 0.75퍼센트로 인상된 지 얼마 지나지 않은 시점이었지만, 영국은행은 팬데믹이 닥치자마자 0.1퍼센트까지 끌어내렸다. 유로존 전체를 관할하는 유럽중앙은행은 이미 2016년부터 0퍼센트, 즉 제로금리를 유지하고 있었기 때문에 더 인하할 여지가 없었다.

하지만 이런 통상적인 조치들이 실질적인 영향을 줄 거라고 믿는 사람은 거의 없었다. 이미 경제가 사실상 멈춰버린 상황이었고

건강에 대한 불안감이 커지는 상황에서, 약간 더 싸게 대출을 받을 수 있게 되었다고 해서 사람들이 갑자기 돈을 빌리고 소비를 늘릴 리는 없었다. 훨씬 더 많은 조치가 필요했다.

전 세계적으로 공공 보건을 위한 자금 지원 이외에 대부분의 정책은 일을 할 수 없게 된 사람들에게 직접 자금을 지원하는 데 집중되었다. 이는 분명 인도적 차원에서 필요한 조치였다. 강제로 일을 못하게 만들었다면 생계를 위한 다른 대책을 마련해주는 게 마땅한 일이었다. 하지만 이는 금융 시스템의 생존을 위한 중요한 개입이기도 했다. 정부가 개입해 조치를 취하지 않는다면 사람들은 주택담보대출을 갚을 수 없게 되고 경제 활동이 완전히 멈춰버렸을 것이다.

영국의 경우 휴직지원제도 형태로 시행되었다. 고용주가 직원을 해고하는 상황을 막기 위해 휴직 중인 직원 임금의 80퍼센트를 지급하기로 약속한 것이다. 정부의 분담 비율은 시간이 지나며 차츰 줄어들었지만, 정점일 때 월 140억 파운드의 예산이 투입되었고[1] 제도가 종료될 무렵에는 그 누적액이 690억 파운드에 달했다.[2] 비용은 매우 컸지만 효과적인 조치였다. 당시 영국의 실업률은 4.53퍼센트까지 올랐는데,[3] 팬데믹 이전과 비교해 상승폭이 1퍼센트포인트도 되지 않았다.

미국은 영국과는 전혀 다른 접근 방식을 취했다. 기업이 기존에 하던 대로 사정에 따라 인력을 감축해 실업자가 생기는 상황을 허용했으며, 이에 따라 2020년 실업률이 3.67퍼센트에서 8.05퍼센트로 급등했다.[4] 그 대신 미국 정부는 주당 실업급여를 인상해 초기에는 600달러, 이후에는 300달러를 지급했으며 지급 대상도 확대했다. 팬데믹이 시작된 이후 2021년 7월까지 실업 지원에 투입된 추가 예산은 총 6,780억 달러에 달한다.[5]

한층 더 이례적으로 미 연방정부는 직접적인 지원금도 제공했는데, 초고소득자만 제외하고 전체 납세자의 약 90퍼센트에게 수표를 우편으로 발송한 것이다.[6] 세 차례에 걸쳐 지급된 지원금은 1인당 최대 3,200달러에 달했고, 소요된 총비용은 8,170억 달러였다.

코로나 정책자금을 모두 합하면 미국 정부의 총 지출은 약 5조 달러에 이른다.[7] 여기에 비하면 영국이 집행한 추정치 3,700억 파운드는 오히려 초라해 보일 정도다.[8]

영국과 미국뿐 아니라 대부분의 선진국에서 동일한 패턴이 나타났다. 예산에 반영하지 않았던 막대한 재정 지원을 단기간에 집행해야 하는 갑작스러운 상황에 직면한 것이다. 전쟁 발발 때와 마찬가지로, 코로나 사태가 발생했을 때도 명백히 '선지출 후과세' 식의 조치가 전개되었다.

하지만 정부는 세금을 부과할 수 없을 때 돈을 빌린다. 결국 우리는 다시는 보고 싶지 않았던 주제로 되돌아갈 수밖에 없게 되었다.

양적완화의
예상치 못한 귀환

앞서 살펴본 것처럼, 사람들은 항상 국가에 돈을 빌려주고 싶어서 줄을 선다. 국채는 다른 어떤 자산보다도 안전한 자산으로 간주되기 때문이다. 설령 금리가 매우 낮더라도 말이다.

하지만 코로나19라는 초유의 사태로 인해 정부는 예상보다 훨씬 더 많은 돈을 갑작스럽게 빌리게 되자 문제가 생겼다. 정부가 지급하고자 하는 금리 수준에서 국채를 매입하려는 수요가 시장에 충분히 존재할까? 예를 들어 영국은 코로나 지원을 위해 원래 계획했던 금액보다 거의 두 배에 달하는 자금을 빌려야 하는 상황이었다.[9]

공개시장에서 국채 수요가 충분하리라는 보장이 없자 결국 양적완화가 다시 등장했다. 2008년 당시에는 굳이 양적완화를 시행할 필요가 없다고 판단했던 여러 중앙은행도 이번엔 양적완화를 꺼내 들었다. 최후의 수단으로 양적완화를 남겨두었던 호주와 뉴질랜드, 캐나다도 행동에 나섰다. 유로존과 일본은 이미 시행했던 양적완화 정책의 속도를 높였고, 다른 많은 국가도 처음으로 양적완화를 찔끔찔끔 시행하기 시작했다. 양적완화는 전 세계로 확대되었지만 이번엔 목표가 약간 달랐고, 이에 따라 메커니즘도 바뀌었다.

2008년 금융위기가 시작된 이후 양적완화가 어떻게 가동되었는지는 8장에서 살펴봤다. 당시 중앙은행들은 새로운 돈을 찍어내 이 돈으로 은행과 기타 기관들이 이미 보유하고 있던 기존 국채와 다른 금융자산을 사들였다. 양적완화의 목적을 간단히 말하자면 자산 가격을 상승시켜 경제를 활성화시키고, 이를 통해 기업과 가계의 대출을 더 저렴하고 쉽게 만들어 결국 경제 내 소비지출을 증가시키는 것이었다.

2020년의 목표는 전혀 달랐다. 휴직지원금, 경기 활성화를 위한 재난지원금, 실업급여 등의 형태로 국민에게 직접 돈을 지급하려면 당장 쓸 수 있는 현금이 필요했다. 어떻게 이를 달성할 수 있었을까? 중앙은행이 새로운 돈을 만들어내 그 돈을 정부에 주고 그 대가로 국채를 받는 방식이었다.

설명은 단순하지만, 각국의 법률, 역사, 회계 관행 등의 이유로 메커니즘 자체는 복잡했다. 경제학 관련 도서를 자주 접하는 작가들의 골머리를 썩이는 요인이 되기도 했고 말이다.

영국은행을 예로 들어보자. 어느 나라나 메커니즘은 대체로 비슷했으며 작동 방식은 다음과 같았다.

1. 영국은행은 새로운 돈을 창출해 2008년 금융위기 때처럼 금융기관으로부터 국채를 매입했다.

2. 이와 동시에, 영국 재무부는 영국은행이 매입한 금액과 정확히 동일한 규모의 신규 국채를 발행했다.

3. 그 결과 정부는 신규 국채의 매수자를 확보할 수 있었다. 영국은행이 채권시장에서 동일한 규모의 국채를 거둬들였다.

쉽게 말해 정부는 영국은행이 새로 찍어낸 돈으로 사람들이 보유하던 국채를 사들이게 해, 사실상 신규 국채에 대한 수요를 확보한 것이다. 이는 내가 당신에게서 이 책을 가져가고 방금 인쇄한 새 책을 구매할 돈을 주는 식으로 이 책에 대한 확보된 수요를 창출하는 상황과 약간 비슷하다.

물론 영국은행은 2020년에 시행한 양적완화의 목적이 정부지출을 직접 지원한 것이었다는 점을 공식적으로 부인한다는 사실을 짚고 넘어가야겠다. 실제로 영국은행의 양적완화에 관한 웹페이지에는 2021년 11월, '양적완화가 정부 지출 자금 마련에 도움이 되나요?'라는 질문에 다음과 같이 답했다. '그것이 우리가 양적완화를 시행하는 이유는 아닙니다. 우리는 인플레이션을 안정적으로 관리하고, 경제를 지원하기 위해 양적완화를 시행합니다.'[10]

하지만 참으로 '우연의 일치'처럼 2020년에 발표된 4,500억 파운드 규모의 양적완화는 정부가 필요로 하는 신규 현금 수요와 거의 정확히 일치했다. 더 놀라운 우연은 다음 〈그림 22〉에서 볼 수 있듯 양적완화 월별 집행 시기가 정부의 현금 수요와 정확히 맞아떨어졌다는 점이다.

2020년 영국에서 실행된 양적완화의 속도와 규모를 이해하려면 통화량을 살펴볼 필요가 있다. 이전에 시행된 양적완화로 인해 통화량은 이미 증가하고 있었지만, 2020년 실시된 4,500억 파운드 규모의 양적완화는 그 시점까지 누적된 총액보다 많았다.

실제로 최근 10년간 '본원통화base money'(공급하는 통화량의 원천으

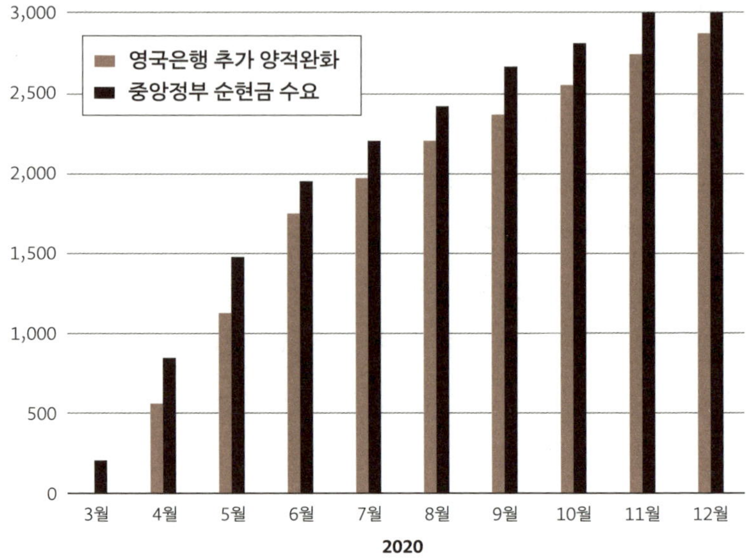

그림 22. 2020년 추가 양적완화, 정부의 순현금 수요[11]

로 민간 보유 현금과 금융기관의 지급준비금의 합계-옮긴이)의 증가를 나타낸 〈그림 23〉을 보면, 2020년부터 2021년 사이에 거의 수직선을 그렸다(중앙은행에 의해 창출된 돈은 포함하지만 시중은행에 의해 창출된 돈은 제외한 지표임).

전 세계적으로 이와 유사한 양상이 나타났다. 유럽중앙은행은 2020년 3월 1,200억 유로의 양적완화를 발표했고,[12] 호주 중앙은행RBA은 2,000억 호주달러 규모의 프로그램을 계획했으며,[13] 뉴질랜드 중앙은행RBNZ은 540억 뉴질랜드달러를 추가로 창출했고,[14] 일본의 중앙은행인 일본은행은 2020년 90조 엔 규모의 추가 양적완

화를 발표했다.[15]

그렇다면 미국은 어떨까? 코로나 관련 대규모 지출은 대규모 양적완화를 의미했다. 앞서 보았듯 코로나 대응책에 투입된 총비용은 5조 달러로 추정되며, 2020년 3월부터 2022년 9월까지 연방준비제도가 보유한 자산 가치는 무려 4조 5,000억 달러로 증가했다.[16]

팬데믹 기간 동안 세계 주요 4대 중앙은행(연방준비제도, 영국은행, 일본은행, 유럽중앙은행)은 경제를 지원하기 위해 새롭게 창출한 돈으로 총 11조 3,000억 달러 상당의 자산을 매입했다.[17]

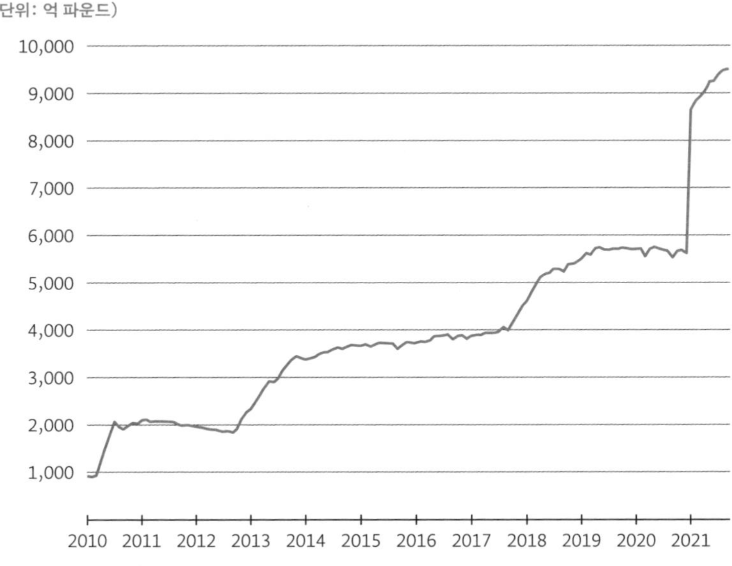

그림 23. 영국의 본원통화(M0) 추이[18]

막대한 통화량,
인플레이션의 결과는?

기억할지 모르겠지만 연방준비제도와 영국은행이 지난번 양적완화를 시행했을 때, 돈은 금융 시스템에 묶여 소비자물가에는 큰 영향을 미치지 않았다. 하지만 이번에는 상황이 달랐다.

정부는 중앙은행이 국채를 매입하는 만큼 신규 국채를 발행했고, 그렇게 확보한 돈을 사람들의 주머니에 직접 넣어주었다. 미국에서는 경기 활성화를 위한 국민지원금과 실업급여의 형식이었고, 영국의 경우 휴직지원금의 형태였지만 어쨌든 결과는 동일했다. 새로 창출된 돈은 금융 시스템에 갇히지 않고 실물경제에서 재화와 서비스에 사용되었다. 사실 돈을 퍼주는 핵심 목적은 그 돈이 소비되도록 하는 것이었다. 결과적으로 이전보다 소비자물가 측면에서 훨씬 더 큰 인플레이션을 유발할 가능성이 있었다.

실제로 그렇게 되었을까? 〈그림 24〉에서 볼 수 있듯 10년 넘게 정체되었던 공식 인플레이션 지표가 미국, 영국, 유럽 대부분의 국가 및 다른 주요 경제권에서 두 자릿수 수준으로 급등했다.

물론 이 시기의 인플레이션이 양적완화 때문이었다고 단정할 수는 없다. 2021년 인플레이션율이 상승하기 시작한 뒤, 약 1년 동안 주요 중앙은행의 총재들은 인플레이션이 '일시적'이라는 설명을 반복했다. 그들의 주장은 대체로 이랬다. 이번 인플레이션은 팬데믹 자체의 결과이지 중앙은행의 정책 때문이 아니라는 것이다. 공급

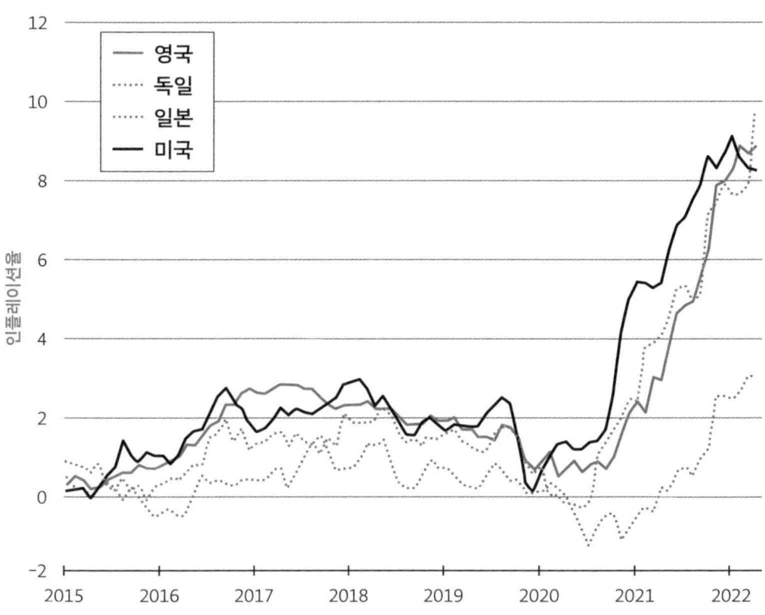

그림 24. 2015년 9월부터 2022년 9월까지 연간 인플레이션율 추이[19]

망이 붕괴되고, 생산 능력이 감소한 가운데, 세계 각국이 다시 문을 열면서 수요가 갑자기 폭증했기 때문이라는 것이다. 이 모든 문제는 곧 해결될 것이고, 물가는 다시 안정될 테니 인플레이션은 일시적이라는 것이었다. 이런 해석은 중앙은행이 아무런 조치를 취하지 않아도 된다는 논리를 정당화하는 수단이었다. 그리고 실제로 그들은 아무것도 하지 않았다.

그러나 인플레이션이 좀처럼 가라앉을 기미가 보이지 않자 2021년 12월 연방준비제도 의장은 마침내 입장을 바꿨다. "내 판단은 틀리지 않았다. 나는 처음부터 '일시적'이라는 단어를 약간 다른 의미로 사용했고, 여러분이 정확히 이해하지 못했을 뿐이다. 어찌 됐든, 좋다. 우리는 이제 그 단어를 더는 사용하지 않을 것이다. 그리고 어쩌면 금리를 인상하고 양적완화를 일부 반전시켜 인플레이션을 통제하기 위한 노력을 시작할 수도 있다." 그의 표현을 그대로 옮긴 건 아니지만 내용을 요약하면 위와 같다. 여기서 말하는 양적완화의 반전이 이른바 '양적긴축quantitative tightening, QT'이다. 양적긴축이란 중앙은행이 보유한 국채 일부를 공개시장에서 매각해 현금화하고, 그 현금을 연기처럼 날려 없애는 것을 말한다. 이는 양적완화가 통화량을 증가시켰던 것과 정반대 과정을 통해 통화량을 감소시킨다.

그렇다면 코로나 이후 몇 개월 혹은 몇 년 동안 발생한 인플레이션 중 얼마나 많은 부분이 '돈 찍어내기'의 탓일까? 이 문제 역시 경제학에서 답이 갈리는 대표적인 논쟁이다. 돈의 창출만 빼고 모든 요인이 똑같았다면 어떤 일이 일어났을지 결코 알 수 없기에 합치된 결론에 이르기란 불가능하다. 코로나 팬데믹에 의한 공급 측면의 충격 외에도 우크라이나 전쟁과 유럽의 에너지 부족 사태도 물가에 영향을 미쳤다. 팬데믹 이후의 시기는 양적완화 여부와 관계없이 경제적 불안정이 예정되어 있었다.

그럼에도 불구하고 한 가지 뚜렷한 패턴이 보인다. 자국 경제 규모 대비 가장 많은 돈을 찍어내고 사람들에게 직접 배포한 국가들일수록 가장 심각한 인플레이션을 겪었다. 반면 인도나 스위스처럼

양적완화를 거의 또는 전혀 시행하지 않은 국가들의 인플레이션율은 현저히 낮았다.[20]

물론 이러한 사례들에 대한 반론도 있겠지만, 정부가 국민들 손에 그렇게 많은 돈을 직접 쥐어주는 조치가 어떻게 인플레이션을 발생시키지 않을 수 있는지, 개인적으로 나는 이해하기 어렵다.

최소한 하나는 분명하다. 중앙은행들은 더 이상 양적완화가 '정밀하게 조정된 경기부양 도구'라고 주장할 수 없다. 2020년 11월, 영국은행의 이코노미스트들은 양적완화 규모를 다른 수치가 아닌 1,500억 파운드로 결정한 이유를 설명해달라는 질문을 받고 답변을 내놓지 못했다.[21] 몇 달 후, 영국은행의 책임자들은 내부 보고서를 통해 양적완화의 작동 방식을 제대로 이해하지 못했다는 사실을 인정해야 했고, '기술적 이해도를 높이고 적용하기 위해 노력하겠다고 약속'했다.

그렇다고 해서 정부와 중앙은행이 반드시 잘못된 선택을 했다는 것은 아니다. 만약 그들이 시장에 덜 개입했다면 더 심각한 경기침체와 그에 따른 인적 비용이 수반되었을지도 모른다. 과도한 조치가 부족한 조치보다 나았을 것이다. 물론 엄청난 행운이 뒤따라주지 않는 한 그들이 완벽하게 올바른 결정을 내리기는 불가능했겠지만 말이다.

어쨌든 많은 사람이 팬데믹을 겪고 나서 전보다 더 나은 재정 상태로 그 시기를 통과했다. 예를 들어 영국 가계의 순자산은 2020년 한 해 동안 5,000억 파운드 증가했고,[22] 소득 대비 저축 비율은

2020년 1월 5.7퍼센트에서 7월에는 22.8퍼센트까지 급등했다.[23]

미국에서도 가계 순자산은 35조 달러 증가했고,[24] 2020년 4월 저축률은 33.8퍼센트로 사상 최고치를 기록했다.[25] 그렇다면 사람들이 같거나 더 적은 양의 상품에 더 많은 돈을 쓸 수 있게 되면 무슨 일이 벌어질까? 답은 간단하다. 물가가 상승한다.

돈의 가격이 비싸진 시대, 투자에 미치는 영향

원인이 무엇이든 간에 중앙은행들이 잠재적 디플레이션과 싸워온 시간을 뒤로 하고 갑작스레 고인플레이션이 돌아온 것은 한 시대의 종말을 의미한다. 이 상황은 이미 거의 모든 사람의 재정 상태에 큰 영향을 미치고 있다.

2008년부터 2022년까지 우리는 역사상 어느 때보다 돈이 싸고 풍부했던 시대에 살았다. 하지만 그 시대는 당분간 끝났다. 인플레이션으로 인해 중앙은행들은 금리를 바닥에서 끌어올릴 수밖에 없었고, 다음 위기가 닥칠 때까지는 제로금리 수준으로 돌아가지 않을 것이다. 적어도 '직접 나눠주는' 방식의 양적완화는 인플레이션이 여전히 위협적인 상황에서는 시행될 가능성이 낮다.

이처럼 값싸고 쉬운 돈의 시대가 끝난 것은 궁극적으로 좋은 일이다. 오랫동안 금리가 매우 낮았던 데에는 실질적인 대가가 뒤따

랐기 때문이다. 가장 명백한 피해자는 예금자들이다. 그들은 무려 10년 넘게 은행에서 의미 있는 이자 수익을 얻을 수 없었다(이는 10장에서 다시 다루겠다).

그러나 덜 명확하지만 더 구조적인 부작용도 있다. 바로 자산 가격이 폭등했다는 점이다. 자산 가격 상승이 나쁜 일처럼 들리지는 않을 수도 있다. 전 세계 대부분의 금리가 바닥을 친 2009년 초부터 소비자물가 상승이 시작되기 이전인 2020년 말까지는 거의 모든 자산군의 투자자들에게 황금기였다. 예를 들어 이 기간 동안 영국에서는 소비자물가가 연평균 2.8퍼센트 상승했으며(총 40퍼센트 미만), 미국에서는 연평균 1.7퍼센트 상승했다(총 20퍼센트).

그러나 같은 기간 동안 소비자물가지수에 포함되지 않는 자산 가격은 폭등했다. 금 가격은 230퍼센트 상승했다.[26] 미국의 주요 주가지수 중 하나인 S&P500은 300퍼센트 상승했다.[27] 영국 국채 수익률과 연동된 펀드에 투자했다면 88퍼센트의 수익을 올렸을 것이다.[28] 그리고 부동산은 굳이 수치를 제시하지 않아도 익히 알고 있듯 영국과 미국 모두에서, 그리고 그 너머에서도 호황을 누렸다.

이러한 자산 가격의 급등은 양적완화와 저금리의 직접적인 결과였다. 8장에서 보았듯 양적완화 메커니즘의 핵심 요소는 사람들이 더 많은 자산을 매입하도록 유도해 자산 가격을 상승시키고,[29] 사람들이 더 부유해졌다고 느끼게 만들어 간접적으로 소비지출을 촉진하는 것이었다(영국은행이 보고서에 공개적으로 언급한 내용으로, 이론상으론 그렇다).

저금리도 한몫했다. 만약 1퍼센트의 금리로 돈을 빌려 인플레이션에 맞춰 매년 최소 연 2퍼센트 이상 가치가 오를 것으로 예상되고 임대 수익도 챙겨주는 부동산을 매입할 수 있다면, 투자를 안 할 이유가 없지 않은가? 2008년 이후와 2020년 이전의 통화정책은 자산에 대한 수요를 증가시키고 값싼 부채를 이용해 자산을 살 수 있도록 허용함으로써 자산 가격을 상승시켰다.

그렇다면 나는 왜 이것이 문제였다고 주장할까? 가장 큰 이유 중 하나는 불평등의 심화다. 양적완화와 저금리 정책은 이미 자산을 보유하고 있거나, 자산을 취득할 만큼 신용이 되는 사람들에게는 엄청난 호재였다. 하지만 그렇지 못한 사람들에게는 자산의 진입장벽만 높여 놓았다.

결국 이 정책들은 이미 자산을 보유한 기성세대에게 더 많은 혜택을 제공하고, 자산을 축적하려 애쓰는 청년세대에게 불이익을 안겨주는 방식으로 세대 간 불평등을 구조화시켰다.

또 다른 문제는 값싼 돈의 시대가 끝남에 따라 저금리에 의존해온 사람들이 결국 고통을 겪게 될 거라는 점이다. 그리고 여기에는 정부도 포함된다.

정부는 엄청난 부채를 축적하고 있지만, 정말로 중요한 것은 부채 총액이 아니라 매년 지불하는 상환 비용이다. 정부는 부채 총액을 줄이기 어렵기 때문에 상환 기일이 돌아올 때마다 기존 부채를 갚기 위해 새로운 빚을 내야 한다. 그런데 금리가 올라가면 신규 차입 비용이 계속 증가하게 된다. 동시에 물가연동채권은 인플레이션이 심화됨에 따라 차입 비용이 더욱 증가한다. 게다가 인플레이션이 재발하면 돈을 빌리는 대신 돈을 찍어내는 선택지마저 없애버린다.

이자 비용이 증가해서 정부가 세금으로 거둬들인 수입에서 더 큰 비중을 차지하게 되면, 남은 선택지는 하나같이 매력적이지 않은 것들 뿐이다. 세금을 인상하거나, 공공서비스를 삭감하거나, 당장의 높은 이자 비용을 충당하기 위해 더 많은 돈을 빌려 미래의 문제를 키우는 것이다. 어느 선택지도 장기적인 성장에 도움이 되지 않는다.

돈이 더 희소해지고 비싸지면서 피해를 보는 또 다른 집단은 자산 보유자들이다. 지금까지는 금리가 떨어질수록 자산 가격이 상승했지만, 이제 금리가 오르면서 모든 자산군이 하락할 위험에 노출되고 있다.

'탐욕스러운 투자자들이 어찌 되든 무슨 상관인가?'라고 생각할 수도 있다. 하지만 문제는 대부분의 사람이 스스로를 투자자라고 생각하지 않을 수도 있지만, 연금 때문에라도 사실상 투자자가 될 수밖에 없다는 점이다.

연기금은 주로 국채에 투자한다. 국채는 어느 정도 수익을 보장하면서도 가장 안전한 자산이기 때문이다. 정부의 차입 비용이 증가하면 연기금에는 좋은 소식이라고 생각할 수도 있다. 보유한 국채에 대해 더 높은 이자를 적용받게 된다는 뜻이니까 맞는 말이지만, 동시에 연기금이 이미 보유하고 있는 국채의 가격을 떨어뜨리기도 한다.

앞서 국채 가격에 대해 다뤘다. 국채 수익률이 오르면 채권시장에서 해당 국채를 팔 수 있는 가격은 떨어진다. 결과적으로 2022년 첫 10개월 동안 영국에서 정부 차입 비용이 증가함에 따라 일반적인 국채펀드의 투자 가치는 25퍼센트나 하락했다.[30]

이는 연기금뿐 아니라 재무상담가의 전형적인 조언에 따라 포트폴리오를 구성해 채권과 주식시장에 분산투자한 개인 투자자들에게도 나쁜 소식이다. 기존의 통념에 의하면 채권과 주식은 각기 다른 시기에 좋은 성과를 내야 하며, 이는 곧 두 자산의 균형을 맞추는 것이 더 안정적인 투자 성과를 낼 수 있다는 의미다.

그러나 금리 상승은 주식시장과 채권시장 모두에 영향을 미쳤으며, 사실상 채권시장이 더 큰 타격을 입었다. 결과적으로 투자자들에게는 완충 장치가 전혀 없었다. 글로벌 주식 40퍼센트와 글로벌 채권 60퍼센트로 구성된 한 인기 펀드의 투자 수익률은 2021년 11월에서 2022년 10월 사이에 13퍼센트 하락했다.[31] 이는 오히려 위험도가 더 높은 글로벌 주식에 100퍼센트 투자하는 펀드 수익률이 4.4퍼센트 하락[32]에 그친 것보다 더 저조한 성과를 낸 것이다.

이번에도 '그래서 뭐?'라고 반응할 수도 있다. 투자자들은 운 좋게도 수익이 매우 좋은 시절을 보냈고, 이제 그 수익의 일부를 토해 내고 있다고 생각할 수 있다. 하지만 앞서 언급한 '부의 효과'를 기억하자. 중앙은행들은 자산 보유자들을 더 부유하게 만들어 그들이 더 많이 소비하도록 함으로써 경제를 활성화시키고자 했다. 만일 자산 보유자들이 갑자기 가난해졌다고 느낀다면, 부의 효과는 반대로 작용할 수 있다. 즉 소비가 줄어들어 GDP 성장률이 낮아지거나 마이너스로 떨어지고 실업률이 증가할 가능성이 있다.

이 모든 상황은 중앙은행을 딜레마에 빠뜨린다. 인플레이션이 고공행진하면 중앙은행의 정상적인 대응은 금리를 인상하는 것이다. 하지만 정부를 포함한 전 세계가 저금리에 중독된 상황에서 금리가 '적정' 수준까지 상승하도록 내버려두면 인플레이션보다 훨씬 심각한 결과를 초래할 수도 있다.

예를 들어 어떤 국가가 인플레이션을 억제하기 위해 금리를 7퍼센트로 설정해야 하는 상황이라고 가정해보자. 하지만 그 나라의 중앙은행은 그렇게 할 경우 세수 대비 정부 차입 비율이 감당할 수 없는 상태가 되고, 주택담보대출 상환이 불가능해져 주택시장이 붕괴되고, 금리와 반대로 움직이는 채권 가격의 하락으로 채권시장이 붕괴되고(채권 가격과 금리는 반비례하므로), 주식시장도 무너질 거라는 사실을 알고 있다. 그렇다면 중앙은행은 어떻게 해야 할까?

수치는 다르지만, 중앙은행들은 최근 몇 년 동안 이 문제와 씨름해왔다. 미 연방준비제도는 늦게나마 상대적으로 강경한 금리정책을 펴며, '인플레이션과 싸우는 기관'이라는 이미지를 뒤늦게 회복했지만, 그 '강경함'조차 상대적일 뿐이었다.

2022년 11월 연준이 목표금리를 3.75~4퍼센까지 인상해 화제가 됐을 때도 금리는 인플레이션율보다 훨씬 낮은 수준이었다. '정상적인' 상황이라면 금리가 인플레이션율보다 높을 것으로 예상된다.[33] 실제로 1970년대부터 2008년까지 미국과 영국에서는 극심한 인플레이션 시기를 포함해 대부분의 기간 동안 금리가 인플레이션을 웃돌았다. 그렇지만 2022년 11월, 영국은행은 인플레이션율이 10퍼센트를 상회하자 향후 금리를 5퍼센트 이상 인상하지 않을 것이라고 시장을 안심시키는 발표를 내놓았다.[34]

더 이상
'값싼 돈'은 없다

이것이 바로 오늘날 우리가 처한 불행한 상황이다. 2008년의 금융 위기는 과도한 부채로 인한 취약성이 주된 원인이었으나, 이를 해결하려 애쓰는 과정에서 정부와 중앙은행은 훨씬 더 많은 돈과 부채가 창출되는 여건을 조성하기에 이르렀다. 세계가 이전 위기에서 완전히 회복되기 전인 2020년에 코로나 위기가 닥치자 유일한 해법은 더 많은 돈과 부채뿐이었다. 이러한 추세는 2008년 이후 우리가 추구해왔고 최근 몇 년 동안 심화된 것이 사실이지만 실제로는 1971년 새로운 금융 세계에 진입한 이후로 계속돼왔다.

이제 우리는 과거의 문제를 해결하기 위해 활용한 수단인 '값싸고 쉬운 돈'이 그 자체로 문제를 일으키는 상황에 도달한 듯하다. 결과적으로 중앙은행은 사실상 무력해졌다. 중앙은행이 시행하고자 하는 정책에는 금리 인상과 양적완화 축소가 포함되겠지만, 값싼 돈에 중독된 세계 자산시장은 이런 조치에 살아남지 못할 것이 거의 확실하기 때문이다.

팬데믹 속에서 정부는

헬리콥터에서 돈을 뿌리듯 현금을 살포했고,

돈이 직접 사람들의 주머니로 들어갔다.

그 결과는 명확하다.

잠들어 있던 인플레이션이 깨어났다.

세계 경제는 10여 년간

'값싼 돈'이라는 마약에 취해 있었다.

이제 중앙은행은 궁지에 몰렸다.

금리를 올리면 부채 부담이 폭증하고,

그대로 두면 화폐가 급격히 약화된다.

'값싼 돈'의 시대가 막 내린 지금,

다가올 금단현상을

버틸 준비가 되었는가?

돈의 흐름을 읽는 자가 기회를 잡는다

불확실성 속에서 자산을 지키고 불리는 전략

"돈을 노예로 부리지 못하면,
결국 당신이
돈의 노예가 된다."

솔직히 말해서 이 책을 선택할 만큼 현명한 사람이라면 누구나 엄청난 부자가 될 자격이 충분하다고 생각한다. 당신이 이 책을 읽고 나서 돈에 대해 더 나은 결정을 내릴 수 있을 거라고 장담할 수는 없지만, 그럴 가능성이 매우 높다고 확신한다. 더 호의적으로 말하자면 당신은 그럴 수 있다고 나는 믿는다.

어쨌든 이제 당신은 오늘날 금융 시스템이 어떻게 돌아가고 우리가 어떻게 여기까지 왔는지 확실히 이해했다. 이는 앞으로 무슨 일이 일어날지 예측하고, 이 예측을 바탕으로 수익성 있는 투자를 할 수 있는 최적의 위치에 있다는 것을 의미한다.

이쯤에서 당신을 남겨두고 떠날 생각은 없으니 지레 걱정할 필요는 없다. 이번 장에서는 당신의 성공 확률을 높여줄 것이다. 먼저 내가 생각하는 미래에 대해 설명하고, 그 미래가 실제로 전개된다면 당신에게 도움이 될 5가지 원칙을 알려주겠다. 마지막으로 내가 이 5가지 원칙을 투자에 어떻게 적용하고 있는지도 공유할 계획이다.

가능성
이해하기

돈에 대한 새로운 지식을 쌓는 것은 매우 강력한 힘을 발휘하지만, 자신의 능력을 겸허히 받아들이고 한계를 인식하는 것도 중요하다. 내가 생각하는 한계는 이렇다. 금융 시스템이 지금껏 걸어온 궤적을 충분히 이해하고 내놓는 예측은 방향성 측면에서 맞을 확률이 높지만, 변화의 시기나 규모까지 확실히 알 수는 없다.

인플레이션을 예로 들어보자. 9장에서 보았듯 2020년 중앙은행이 허공에서 엄청난 양의 돈을 찍어내기 시작했을 때, 향후 인플레이션이 높아질 것이라고 예측하는 데 거시경제학 박사 학위가 필요했던 것은 아니다. 하지만 아이러니하게도 전 세계 중앙은행의 저명한 이코노미스트들은 이런 일이 일어날 거라고 예상하지 못했다. 이에 대해서는 나중에 따로 이야기하겠다. 그런데 정확히 언제 인플레이션이 발생하게 될까? 그리고 그 정도는 5퍼센트일까, 10퍼센트일까, 15퍼센트일까? 예측은 불가능했고, 예측하려고 애쓸 필요도 없었다.

그래도 괜찮다. 방향을 정확하게 잡고 가는 것이 장기적으로 큰 도움이 될 테니 말이다. 존재하지도 않을 상황을 가정한 훌륭한 투자보다 상황에 맞춘 평범한 투자가 훨씬 더 좋은 성과를 낼 가능성이 높다. 비가 올 것을 알고 있다면, 바람이 불면 확 뒤집어지는 싸구려 우산이라도 최고급 브랜드의 자외선 차단 선글라스보다는 훨씬 더 유용할 것이다.

이러한 내재적 불확실성 때문에 가능한 한 장기투자를 위한 결정을 내려야 한다. 몇 개월 후에 무슨 일이 일어날지 정확하게 예측하고 그에 맞춰 투자를 조정하는 것은 사실상 불가능하다. 그렇게 하다가는 돈을 벌기는커녕 예측이 틀려서 돈을 잃을 가능성이 훨씬 더 높다. 차라리 앞으로 10년 후 혹은 그 이후에 세상이 어떤 모습이 될지 예측하고 큰 그림이 맞으면 계속 그 투자 포지션을 취하는 것이 매일 시세에 따라 포지션을 조정하는 것보다 훨씬 더 낫다. 당장은 예상과 다른 조건이 나타날 수 있고, 타이밍이 어긋날 수도 있다. 하지만 노스트라다무스가 되지 않아도 '충분히 맞는 방향'만 유지한다면 결국에는 앞서 나가게 될 것이다.

이제 향후 10년 정도가 어떤 모습일지에 대한 내 생각을 말해보겠다. 내가 가장 중요하게 생각하는 요소인 금리, 인플레이션 및 이 둘의 상호작용에 초점을 맞춰 설명할 것이다.

미래는
어떤 모습일까?

1. 금리는 비교적 낮게 유지될 것이다

1970년대와 1980년대 초반, 주요 국가들은 높게 지속되는 인플레이션을 억제하기 위해 금리를 크게 인상했다. 미국, 영국, 캐나다,

호주, 뉴질랜드에서는 금리가 무려 15퍼센트 이상으로 치솟았다.

이러한 조치는 이상적인 해법은 아니었다. 실제로 심각한 경기침체를 유발했다. 하지만 그때는 충분히 감당 가능한 수준이었다. 이 시기를 기억하는 사람이라면 누구나 당시의 끔찍한 이야기를 기꺼이 들려줄 것이다. 그리고 인플레이션율이 조금이라도 오르면 금리가 곧 다시 그 수준으로 돌아가 모두를 망하게 할 거라는 암울한 전망을 내놓곤 한다.

하지만 그런 일은 일어나지 않을 것이다. 이유는 무엇일까? 그런 상황이 발생한다면 정부는 물론 모든 사람이 파산할 것이기 때문이다.

우선 정부부터 살펴보자. 미국과 영국은 1970년대에 재정 균형을 포기했고, 그 이후 거의 매년 세금으로 들어오는 수입과 지출의 차이를 메우기 위해 차입이라는 수단을 사용해왔다. 그 결과 영국의 국가부채는 1970년 GDP 대비 약 50퍼센트에서 2022년 3분기에 98퍼센트로 증가했다.[1] 미국에서는 같은 기간 동안 국가부채가 40퍼센트 미만에서 137퍼센트로 늘어났다.[2]

금리가 매우 낮을 때는 감당 가능했던 부채 수준도 금리가 너무 높아지면 심각한 부정적 결과를 초래하기 시작한다. 그래서 각국 정부는 금리를 가능한 한 낮게 유지하려고 한다. 그리고 많은 국가에서 금리 결정은 소위 독립적인 중앙은행들이 내리지만, 그들의 임무는 주로 물가 안정과 낮은 실업률 유지다. 과도한 이자 비용으로 인해 정부 재정이 위험에 처하면 이 2가지 목표 중 어느 것도 달성할 수 없다.

정부에 관한 이야기는 이쯤하고, 이제 민간 부문을 살펴보겠다. 앞서 6장에서 보았듯 영국의 총 민간부채는 1980년 GDP의 60퍼센트에서 2010년에는 190퍼센트로 불어났고,[3] 현재는 약 215퍼센트에 근접해 있다. 이러한 부채 부담은 금리가 상대적으로 낮게 유지될 때만 감당할 수 있다. 금리가 너무 급격하게 오르면 수많은 기업이 파산해 실업률이 오를 뿐만 아니라 주식시장, 부동산시장, 채권시장 등 생각할 수 있는 거의 모든 시장이 붕괴할 것이다. 그에 따른 고통은 너무나 클 것이며, 결정권을 쥔 사람들은 그런 사태를 의도적으로 방치하느니 차라리 어떤 다른 선택지라도 택할 것이다.

1971년부터 2022년까지 영국의 평균 금리는 7.14퍼센트였고,[4] 미국은 5.42퍼센트였다.[5] 나는 향후 10년 동안 금리가 대체로 그 수준보다 낮게 유지될 가능성이 높다고 본다.

2. 인플레이션율은 높은 수준을 유지할 것이다

1990년부터 2020년까지 30년 동안 영국의 인플레이션율은 연평균 2.2퍼센트였고, 미국은 2.3퍼센트였다. 이는 각국 중앙은행의 목표치에 거의 근접한 수치였다. 하지만 앞서 살펴본 바와 같이 2021년에 갑자기 상황이 바뀌었다. 그리고 그 변화는 빠르고 극적이었다.

물론 역사적으로 보면 높은 인플레이션이 영원히 지속된 적은 없다. 공급 부족은 해소되고, 지정학적 갈등도 종식된다. 극단적인 통화 발행으로 인한 인플레이션 압력조차 무한정 지속될 수는 없다. 인플레이션은 통화량의 변화에 반응하기 때문에, 새로 유입된 돈이 시스템에 남아 있더라도 그로 인한 인플레이션 효과는 결국 사라진다.

또한 인플레이션은 전년 대비 변동률로 측정되므로, 물가가 실제로 하락하지 않더라도 상황이 개선되어 보일 수 있다. 가격이 전년도보다 느린 속도로 상승하기만 하면 인플레이션 수치는 하락한다. 물론 여기에 대한 반론도 있다. 인플레이션이 너무 오래 지속되면, 사람들이 그것을 '당연한 것'으로 받아들이게 되고, 이에 따라 노동자들은 더 높은 임금을 요구하게 된다. 이로 인해 비용이 상승하고 물가가 다시 오르며, 경제는 인플레이션 악순환에 갇히게 될 수도 있다.

그런데 인플레이션이 마구 치솟지 않아도 우리는 그 존재감을 느낄 수 있다. 코로나 사태의 여부와 상관없이 나는 우리가 낮은 인플레이션 시대에서 높은 인플레이션 시대로 접어들었다고 생각한다. 그리고 평균 2퍼센트의 인플레이션율을 다시 보기까지는 꽤 오랜 시간이 걸릴 것이다.

그 이유 중 하나는 우리가 이미 '세계화의 정점'을 지났다고 보기 때문이다. 세계화는 인건비와 원자재가 더 저렴한 곳으로 생산기지를 옮겨 생산비를 낮추기 때문에 물가 하락의 요인으로 작용해왔다. 따라서 반대 방향으로의 움직임은 인플레이션을 부추길 것이다. 코로나 사태로 인해 공급망의 취약성이 드러나고 지정학적 갈

등으로 인해 정부가 자급자족의 이점에 주목하게 된 오늘날, 나는 세계화가 확실히 정점을 찍었으며 앞으로는 반대 상황이 펼쳐질 거라고 생각한다. 각 국가 내에서 제조, 식량 및 에너지 생산이 더 많이 이루어지면 나름의 장점도 있지만, 비용이 더 많이 들기 때문에 인플레이션을 유발한다.

그렇다면 잠깐 생각해보자. 물가 안정을 책임지는 중앙은행은 무엇을 하고 있을까? 중앙은행의 주요 임무는 인플레이션이나 디플레이션을 억제하는 것이다. 하지만 지금 중앙은행들은 딱히 할 수 있는 일이 거의 없는 상황에 처해 있다. 그들이 가진 주요 수단은 금리 인상이지만 앞서 설명했듯 지난 수십 년 동안 너무 많은 부채가 쌓여서 금리를 인상하면 정부와 민간 부문이 모두 상환 부담을 감당할 수 없게 된다.

결국 중앙은행은 마치 '오즈의 마법사'처럼, 실제로는 큰 힘이 없으면서도 겉으로는 있는 척하면서 말의 힘으로 시장을 움직이려 한다. 이처럼 무력한 상황에서 그들이 할 수 있는 일은 매우 제한적이다.

전체적으로 보았을 때, 나는 인플레이션율이 극단적으로 높게 유지될 것이라고 보지는 않지만, 최근 수십 년간 우리에게 익숙했던 수준보다는 높게 유지될 거라고 생각한다. 한동안 인플레이션율이 워낙 높았기 때문에, 일례로 4~5퍼센트 대로 유지된다면 사람들은 이를 오히려 상대적으로 '안정된 물가'로 받아들일 수도 있다. 이 수치도 여전히 높긴 하지만 정부에 도움이 되기엔 충분한데, 이에 대해서는 잠시 후에 살펴볼 것이다. 흥미롭게도 구글 검색어와 X(구 트위터)에서의 언급 빈도를 분석해보면, 일반 대중은 인플레이션이 4퍼센트를 넘어가기 전까지는 그다지 관심을 두지 않는다는 사실도 확인할 수 있다.[6]

3. 높은 인플레이션, 낮은 금리

지금까지 살펴본 내용을 종합해보면, 우리는 앞으로 한동안 금리와 인플레이션이 모두 과거보다 높은 수준에서 유지되는 시기를 맞이하게 될 수 있다. 하지만 이 시기의 핵심적인 특징은 인플레이션율이 금리보다 더 높을 거라는 점이다.

이런 상황을 '마이너스 실질금리'라고 한다. 여기서 '실질'이란 말은 '인플레이션의 영향을 제거한 후'를 의미한다. 즉 금리가 3퍼센트이고 인플레이션율이 5퍼센트라면 실질금리는 마이너스 2퍼센트(3퍼센트-5퍼센트)가 된다.

미국, 영국, 유로존 등에서는 2008년 이후 대부분의 기간 동안 실질금리가 마이너스였기 때문에 우리는 이런 상황에 익숙하다. 그러나 역사적으로 볼 때, 이런 상황이 장기간 지속되는 경우는 매우 드물다. 미국의 데이터를 1786년까지 거슬러 올라가 살펴보면, 실질금리가 마이너스였던 기간은 전체의 약 20퍼센트에 불과했다.[7] 그중에서도 2년 이상 지속된 경우는 단 일곱 번뿐이었으며, 그마저도 대부분이 전쟁 중이었고, 전쟁이 아닌 경우는 1970년대 한 번뿐이었다.

앞으로 당분간은 이런 상황이 불가피해 보인다. 우리는 인플레이션 압력이 더 강한 시대로 접어들고 있지만, 막대한 부채 때문에 금리를 너무 높게 올릴 수는 없는 상태다. 상황이 이런 식으로 유지되는 또 다른 이유는, 인플레이션율이 금리보다 높은 것이 정부에게는 상당한 도움이 되기 때문이다. 정부와 민간부채 수준을 좀 더 지속 가능한 수준으로 줄이는 데 따르는 고통을 최소화하는 방법이니 말이다.

어떻게 그럴 수 있을까? 앞서 살펴봤듯 GDP 대비 부채 비율을 줄이는 방법은 3가지가 있다.

- 정부는 부채보다 더 빠른 속도로 GDP를 늘리는 방법이다. 즉 국가가 더 많은 것을 생산하고 소비하게 만들어 부채 비율을 낮추는 것이다. 하지만 세계 경제의 성장 둔화와 계속 빚이 쌓이는 현실을 고려할 때, 이는 '좋지만 실현 가능성은 낮은' 시나리오다.

- 아니면 부채 자체를 줄이는 데 집중하는 방법이다. 즉 실제 부채 액수를 줄이는 것이다. 이렇게 하면 GDP가 제자리여도 부채 비중은 낮아진다. 하지만 정부 차원에서 이런 일이 벌어질 가능성은 없다. 1975년 이래로 적자가 나지 않은 해가 얼마나 되는지 기억해보라. 민간 차원에서도 기업과 개인이 경기침체를 초래하지 않고 부채를 크게 줄일 방안을 찾아내는 건 거의 불가능하다.

- 마지막 방법은 인플레이션을 통해 부채의 실질가치를 줄이는 것이다. 부채 규모는 그대로인데 인플레이션율이 매년 10퍼센트로 유지된다고 가정해보자. 예를 들어 이전에 GDP가 23조 달러였다면 1년 후에는 모든 것이 더 비싸진 결과 GDP는 25조 3,000억 달러가 될 것이다. 결과적으로 실제적인 생산량 증가가 없어도 GDP 대비 부채 비율이 마법처럼 줄어들 것이다. 깔끔하지 않은가? 이는 1970년대에 실제로 있었던 일과 매우 흡사하다.

따라서 정부에게는 마이너스 실질금리가 도움이 되지만 개인, 특히 예금자들에게는 피해가 간다. 예를 들어 2006년에는 일반 예금계좌에서도 연 5퍼센트의 이자를 받을 수 있었다.[8] 당시 인플레이션율이 3.2퍼센트였으므로[9] 예금자들은 위험을 감수하지 않고도 인플레이션을 차감한 최소 1.8퍼센트의 실질수익을 올릴 수 있었던 셈이다.

그러나 2008년 이후 실질금리는 계속 마이너스 상태였다. 인플레이션율이 1~3퍼센트에 불과했던 시기에도 기준금리가 워낙 낮았기 때문에 은행에 예치한 현금에 대해 0.5퍼센트의 이자라도 받으면 다행인 수준이었다. 결과적으로 현금을 보유하고 있었다면 매년 구매력을 잃어온 셈이다.

이러한 상황을 금융억압financial repression이라고 한다.[10] 표현에서 부정적인 뉘앙스가 느껴질 텐데, 사실은 그럴 수밖에 없다. 1973년

두 경제학자(미국 스탠포드대학의 에드워드 쇼Edward S. Shaw와 로널드 맥키넌Ronald I. McKinnon)가 예금자로부터 돈을 '훔치는' 정책을 비판하기 위해 만들어낸 용어이기 때문이다.

이제 값싼 돈의 시대는 끝났고 금리가 제로 수준을 크게 넘어섰으니 좋은 일처럼 보인다. 드디어 은행에서 제법 괜찮은 이자를 받을 수 있게 되었다! 하지만 사실 아무것도 바뀐 게 없다. 은행에서 4퍼센트의 이자를 받는데 인플레이션율이 6퍼센트라면 매년 구매력을 잃고 있는 것이다. 사실상 더 교묘하게도 은행에 돈을 넣어두는 것이 마치 잘하고 있다는 착각을 불러일으키지만, 실제로는 그렇지 않다.

돈을 가장 잘 활용하는 방법

아주 멀지 않은 미래에 대한 내 생각은 다음과 같다. 금리는 역사적 기준에 비추어 볼 때 낮은 수준을 유지할 것이고, 인플레이션은 지난 30년간 경험했던 것보다 높은 수준일 것이며, 무엇보다도 인플레이션율이 금리보다 높게 유지될 것이다.

이제 가장 흥미로운 부분으로 넘어가보자. 이러한 지식을 활용해 어떻게 돈을 관리하면 좋을까? 다음 내용은 정보 공유 목적으로만 제공되며 재정 자문이 아니라는 점을 분명히 밝히고, 당신에게 도움이 될 5가지 원칙을 소개하겠다.

원칙 1 예금으로 자산을 늘리려는 생각을 버려라

당분간 기준금리가 인플레이션율보다 낮을 것으로 예상되므로 저축을 통해 자산을 불리려는 사람은 계속해서 손해를 볼 수밖에 없다. 은행 예금에서 얼마의 이자가 나오든 인플레이션으로 인해 그 돈의 구매력은 더 빠르게 감소할 것이다. 금리가 제로는 아니니 당신의 재정 상황이 더 나아진 듯 느껴지겠지만, 그건 착각이다.

'금융억압'이라는 용어를 만든 경제학자들이 이런 현상을 예금자들로부터 '돈을 훔치는' 행위에 빗대어 표현한 데는 그럴 만한 이유가 있다. 일례로 연초 100파운드였던 예금을 은행에 그대로 놔두면 연말에 102파운드가 되겠지만, 그동안 물가가 올라 102파운드로 살 수 있는 물건은 1년 전 100파운드로 살 수 있었던 것보다 적어질 것이다.

물론 열심히 절약해 소득의 상당 부분을 저축하면 재정적으로 괜찮은 숫자를 확인하게 되겠지만, 현재의 금융 시스템은 예금자에게 매우 불리하게 작동해 결승선이 점점 더 멀어질 것이다.

수익 극대화라는 관점에서만 보자면, 현금을 최대한 적게 보유하는 것이 답이다. 비상 상황에 대비한 적정 수준의 현금은 반드시 갖고 있어야겠지만, 그 외의 돈은 은행에 잠자게 두기보다는 인플레이션을 상회할 가능성이 있는 자산에 투자하는 것이 낫다.

이것은 2009년 이후 벌어진 금융환경의 대전환을 경험하지 못했거나 인정하지 못하는 사람들, 특히 연륜 있는 세대에게는 큰 인식 전환을 요구하는 일이다. 이들은 조금이라도 더 나은 금리를 제시하는 금융기관을 찾아 ISA(개인종합자산관리계좌)를 옮기곤 하지만, 예금계좌를 어디로 옮기든 구매력의 상당 부분이 날아갈 게 뻔한 상황에서 소수점 이하 단위의 금리 차이는 실제로는 거의 의미가 없다. 사실을 제대로 인식하지 못한 것이다.

그들을 탓할 수는 없다. 역사적으로 저축은 언제나 보상을 안겨주었고, 그 믿음을 갖고 성장한 이들에게는 그 세계가 사라졌다는 사실 자체를 받아들이는 것이 쉽지 않다. 더욱이 이 상황은 본질적으로 불공평하다. 그저 '현 상태를 유지'하기 위해서조차 위험을 감수해야 한다는 건 납득하기 어렵다. 모든 투자는 어느 정도의 리스크를 내포하고 있기 때문이다.

하지만 이러한 현실을 인정하지 않으면 재정적 손해를 볼 수밖에 없다. 많은 사람이 돈을 투자했다가 시장 붕괴로 50퍼센트의 손실을 보게 될까봐 은행에 그 돈을 넣어둔다. 그렇게 10~20년이 지나면 그저 '안전한' 곳에 돈을 묻어뒀을 뿐인데도 결국 구매력의 50퍼센트를 잃게 된다.

따라서 금융억압의 상황에서는 구매력을 유지하거나 상승시킬 기회를 얻고자 한다면 투자가 유일한 선택지다. 무엇에 투자해야 할까? 이에 대해서는 곧 다루겠다.

다음으로 넘어가기 전에, '수익 극대화'라는 관점에서만 저축보다 투자가 올바른 선택이라는 점을 강조할 필요가 있겠다. 투자 위험을 감수하는 것보다 구매력을 잃더라도 은행에 자금을 예치하는 것이 더 나은 상황도 있다. 예를 들어 내년에 주택 구매를 앞두고 있어 계약금을 곧 사용할 계획이라면, 그 돈을 주식시장에 넣어두는 것은 시기적으로 큰 위험이 된다. 시장이 급락하면 계획이 틀어질 수 있기 때문이다.

[원칙 2] 책임감 있게 부채를 활용하라

많은 사람이 저축하려는 본능뿐 아니라 빚을 피하려는 본능도 가지고 있다. 그들은 애초에 빚을 지지 않기 위해 가능한 모든 방법을 동원하고, 주택담보대출을 마침내 다 갚고 나면 새삼 안정감을 느끼곤 한다. 저축하고 빚을 피하려는 자세는 인류 역사 대부분의 기간 동안 도움이 되는 현명한 원칙이었을 것이다. 그러나 오늘날엔 그렇지 않다. 저축으로 얻을 수 있는 결과가 얼마나 빈약한지 우리는 이미 보았다. 그리고 빚을 계속 피하기만 한다면 자산을 불릴 수 있는 거대한 '추진력'을 그냥 지나쳐버리게 될 것이다.

대출을 받는다는 것은 정부와 같은 입장에 놓이게 되는 것이다. 정부가 적정 수준의 인플레이션율을 유지하기 위한 여건을 조성하려는 이유는 국가부채의 실질가치를 낮추는 데 도움이 되기 때문이라는 점을 기억해보자. 그리고 이러한 조건은 당신의 부채에도 똑같이 적용된다.

물론 대출로 얻은 자금은 반드시 '수익을 창출할 수 있는 자산'에 투자해야 한다. 예컨대 현금흐름이 나오거나 가치가 상승하거나(혹은 둘 다) 하는 자산이어야 한다. 가치가 떨어지는 소비재(예: 필요 이상의 고급차 등)나 단기 소비(예: 여행)를 위해 빚을 지는 것은 금융억압 시대라고 해도 정당화될 수 없다.

개인이 큰 금액의 부채를 지는 가장 쉬운 방법은 부동산을 담보로 주택담보대출을 받는 것이다. 여기에는 임대용 부동산을 매입하기 위한 담보대출도 포함되지만, 거주 중인 주택을 담보로 대출을 받아 그 자금을 다른 곳에 투자하는 경우도 해당한다.

부동산담보대출의 대안으로는 담보가 필요 없는 신용대출이 있다. 하지만 신용대출은 금리가 높고 대체로 대출액이 그리 크지 않다는 문제가 있다. 주식 등의 다른 자산을 담보로 대출을 받는 것도 가능하지만 이 역시 금리가 높은 경향이 있다. 또한 자세한 내용은 다루지 않겠지만 담보로 맡긴 주식 가격이 일시적으로 하락할 경우 대출 상환을 요구받을 가능성이 있어 위험 부담이 크다. 주택담보대출은 다른 종류의 대출에 비해 상대적으로 낮은 위험으로 낮은 금리의 거액을 빌릴 수 있는 최적의 선택이다.

여기에서 부동산 투자의 이점은 이야기하지 않겠다. 부동산에 대해서는 조금 뒤에 살펴보기로 하고, 지금은 부채에 집중하자. 앞서 제시한 이유 때문에 부채가 부동산을 담보로 하고 있을 뿐, 부동산 자체는 아무런 영향을 미치지 않는다는 전제하에 이야기하겠다.

영국에서 주택담보대출을 받는다고 가정해보자. 인플레이션이 5퍼센트인 상황에서 연 4퍼센트의 금리로 10만 파운드 대출을 받았다고 하자. 우리 주제가 부동산이 아니라 부채임을 강조하기 위해, 지금 거주 중인 주택의 대출 한도를 늘려 10만 파운드를 빌렸다고 하자. 그리고 이 돈을 주식시장에 투자해 정확히 인플레이션과 같은 수준, 즉 5퍼센트 수익을 냈다고 하자. 1년 후 당신은 4,000파운드의 이자를 지급하고, 가치가 5,000파운드 증가했을 것이다. 이제 주식을 팔아 대출을 상환하면 1,000파운드의 순이익을 얻게 된다. 이는 당신의 투자 실력이 아니라, 부채는 그대로인 상태에서 인플레이션이 자산 가치를 끌어올렸기 때문이다.

이 예시를 다른 관점에서 보자면, 실질가치 기준으로 당신의 자산은 그대로지만, 부채의 실질가치는 줄어든 것이다. 이는 앞에서 말한 100년 전 20파운드를 빌린 사례와 같은 경우다. 100년 뒤 빚은 여전히 20파운드이지만, 이 금액은 더 이상 그때처럼 큰돈이 아니다.

이런 효과가 의미 있는 결과를 내기까지는 1년 이상 걸리지만, 100년만큼 긴 시간이 걸리는 것도 아니다. 10년간 인플레이션율이 평균 4퍼센트로 지속된다면, 부채의 '실질가치' 중 3분의 1이 줄어들게 된다. 20년 동안 지속된다면 절반 이상이 줄어든다. 이 모든 것은 인플레이션이 부채의 '실질가치'를 잠식하기 때문에 발생한다. 그 돈을 소득을 창출하거나 인플레이션율보다 더 높은 가치 상승을 가져오는 자산에 투자한다면, 2배로 이득을 챙기는 셈이다.

물론 빌린 돈을 투자해서 매년 인플레이션과 같은 수준이거나 그 이상의 수익을 올릴 것이라고 가정하는 건 완전히 비현실적이다. 어떤 해에는 실질적으로 손실을 입을 수도 있다. 그러나 충분히

긴 시간 동안, 가치가 사라지고 회복하지 않는 '잘못된 투자'를 피할 수만 있다면, 결국은 수익을 보게 될 것이다.

하지만 반드시 기억하라. 두 번째 원칙은 '책임감 있게 부채를 활용하라'이다. 대출을 받는다는 것은 곧 위험을 짊어지는 일이다. 투자 수익이 나든 안 나든, 대출 이자는 정해진 시점에 실제 보유한 현금으로 지급해야 한다. 따라서 감당할 수 있는 수준에서 신중하게 대출을 활용해야 하며, 예상보다 금리가 더 빨리 오르더라도 대응할 수 있는 여유가 필요하다.

투자 목적으로 빚을 지는 것은 항상 새로운 위험을 수반하며, 모든 사람에게 적합한 것은 아니다. 빚에 따르는 책임을 감당할 수만 있다면, 금융억압에 당하지 않고 부채를 통해 오히려 이득을 얻을 수 있다.

원칙 3 고정수익형 투자에 주의하라

고정된 수익이 나오는 모든 투자 자산은 인플레이션 환경에서 불리하다. 이유는 단순하다. 100파운드를 투자해 매년 5파운드를 받는다면, 시간이 지날수록 그 5파운드의 구매력은 줄어들 것이다. 그리고 투자 원금을 회수할 시점에는 원금의 가치 또한 떨어져 있을 것이다.

고정 수익이 생기는 가장 대표적인 투자 자산은 채권이다. 앞서 보았듯 채권은 정부나 기업에 빌려준 돈을 의미한다. 즉 정부로부터 100파운드의 국채를 매수했다면, 정부는 정해진 기간이 지난

후 100파운드를 상환해주기로 약속하고, 그 기간 동안 매년 정해진 금액을 이자로 지급한다.

2022년 말 기준, 영국 정부에 10년 만기로 100파운드를 빌려주면 1년에 약 3.5파운드의 수익을 얻을 수 있었다.[11] 이는 1년 전보다 300퍼센트 이상 개선된 수치다. 따라서 투자 대상으로서 채권의 매력은 더해졌지만, 만일 인플레이션율이 3.5퍼센트를 초과한다면 10년 후 돌려받는 100파운드의 가치는 현재 받는 이자보다 더 빠르게 줄어들 것이다. 자국 통화를 통제하는 안정적인 정부에 돈을 빌려주는 것은 안전한 투자 중 하나다. 하지만 금융억압의 시기에는 이 안전에 따르는 대가로 실질 구매력을 잃게 된다.

덧붙이자면 프리미엄 채권Premium Bonds도 마찬가지다. 프리미엄 채권은 당첨금 방식으로 지급되는 독특한 채권인데, 정부에 돈을 빌려주는 또 다른 방식이며 평균적인 당첨 운이 있는 사람을 기준으로 연 약 2퍼센트의 고정 수익을 제공한다.[12]

채권은 매년 받는 이자뿐 아니라 앞서 말했듯 2차 시장에서 가치가 오르거나 내릴 수 있다. 사람들이 향후 인플레이션율이 높은 수준을 유지할 거라고 생각한다면 채권의 액면가와 상관없이 이전에 발행된 채권에 대해 더 적은 돈을 지급하려 할 것이다. 따라서 보유한 채권의 가치가 하락하는 동시에 미미한 '실질' 수입만 얻게 될 것이다.

또 하나 고려해야 할 것은 신용위험credit risk이다. 즉 채권을 발행한 정부나 기업이 약속한 돈을 제때 갚지 못할 가능성이다. 최근 몇 년간 정부와 기업들이 모두 지속적으로 부채를 늘려왔고, 이를 감당할 현실적인 방안이 보이지 않는 상황에서, 투자자들은 이들 채무자의 신용도를 다시 평가하기 시작할 것이다. 이 경우 투자자들은 더 높은 금리를 요구하게 되고, 이는 기존 채권의 가치 하락으로 이어진다.

물론 채권에는 이보다 훨씬 더 많은 요인이 개입되고, 많은 재무설계사가 내 의견에 강력히 반대할 것이다. 채권은 주식시장이 부진할 때 좋은 성과를 낼 수 있고 그 반대의 경우도 마찬가지여서 시간이 지남에 따라 변동성을 완화해주기 때문에 재무설계사들은 투자 포트폴리오에 채권을 포함시켜야 한다고 주장한다. 과거에는 그랬지만 최근에는 그렇지 않았고 앞으로도 그럴지에 대해 나는 회의적이다. 하지만 책을 통해 말하는 누군가의 안내보다는 실제 투자전문가의 조언을 얻고자 하는 경우를 위해 이 점을 강조해두고 싶다.

또한 지금처럼 금리가 제법 오른 상황에서는 오랜만에 국채가 매력적으로 보일 수도 있다. 금리 상승으로 국채 가격이 떨어졌고 잠재적 호재가 더 많아졌기 때문이다. 채권에 이런 장점이 있다고 해도, 내가 예상하는 미래 상황에서는 더 나은 성과를 낼 수 있는 다른 투자처가 있다. 이제 그 이야기로 넘어가보자.

(원칙 4) **실물 자산에 투자하라**

실물 자산은 실제로 만질 수 있는 물리적인 자산으로 부동산, 원자재, 인프라 등을 말한다. 이는 주식과 채권을 비롯한 금융자산과는 다르다. 어떤 사람들은 로열티나 보험 같은 것도 실물 자산에 포함해야 한다고 주장하고 그 주장엔 나름의 논리가 있겠지만, 나는 그것들을 '무형 자산'으로 분류한다.

실물 자산의 가장 큰 장점은 인플레이션 상황에서 가치가 잘 유지되는 경향이 있다는 점이다. 내가 예상하는 미래의 금융 환경에 이 자산들이 왜 적합한지 간략히 살펴보기로 하자.

1. 원자재 ———

원자재는 다른 제품을 생산하는 데 원료로 쓰이는 재료다. 금, 석유, 구리, 알루미늄, 천연가스, 옥수수, 밀, 곡물 등이 이에 해당한다. 원자재는 인플레이션 시기에 강세를 보이는데, 이는 인플레이션이 일반적으로 경제 호황과 수요 증가와 관련이 있기 때문이다. 즉 제품 생산에 필요한 원재료의 수요가 증가한다는 의미다.

심지어 경제성장 없이 인플레이션이 발생하는 경우(이런 불행한 상황을 스태그플레이션stagflation이라고 부른다)에도 원자재는 강세를 보이곤 한다. 가격결정력pricing power이 생산자에게 있기 때문이다. 예컨대 석유 생산자는 "현재 인플레이션율이 10퍼센트에 달하니 가격을 10퍼센트 인상하겠습니다. 그래도 원하십니까?" 식의 강력한 입장을 취할 수 있다. 석유는 거의 모든 생산에 필요하기 때문에 구매자는 어쩔 수 없이 그 가격을 지급하고, 자산의 마진을 유지하기 위해 소비자 가격을 올릴 것이다.

원자재를 한꺼번에 많이 사서 보관하다가 가격이 오르면 파는 경우는 곧 다루게 될 금을 제외하고는 거의 없다. 대표적인 예로 천연가스는 보관과 이동이 매우 까다로우며, 다른 원자재들도 저장성이 극히 떨어진다. 대신에 사람들은 원자재의 미래 가격을 예측해 수익을 내려고 시도하는데, 이를 선물시장이라고 부른다.

하지만 선물거래는 몇 가지 이유로 매우 위험하다. 그중에서도 가장 큰 이유는 모든 거래의 만기일이 몇 개월 내로 짧게 설정되어 있어, 단기적인 가격 흐름에 민감할 수밖에 없다는 점이다. 그래서 단기 투기 목적이 아니라면, 일반 투자자들은 다음과 같은 방식으로 원자재에 간접 투자하는 것이 현실적이다.

- 원자재를 생산하는 기업(예: 석유 탐사 회사, 구리 채굴업체)의 주식을 매수한다.
- 원자재 가격을 추종하는 ETF나 펀드에 투자한다(구체적인 예로는 'L&G All Commodities UCITS ETF'가 있으며, 이는 천연가스, 석유, 콩, 가축 등을 포함한 원자재 묶음 가격을 추종한다).

이 방법들 모두 복잡한 선물거래에 직접 뛰어들 필요 없이, 인플레이션 시기에 원자재 가격 상승의 수혜를 간접적으로 누릴 수 있게 해준다.

금은 산업 생산뿐만 아니라 역사적으로 투자 수단으로도 활용돼 온 특별한 종류의 원자재다. 앞서 보았듯 매우 장기간에 걸쳐 금은 인플레이션 상황에도 불구하고 가치가 보존되는 경향이 있다. 예를 들어 1950년대에 집을 살 수 있는 만큼의 금으로 2020년에도 집을 살 수 있을 것이다.

그러나 "장기간에 걸쳐"라는 부분에 주목할 필요가 있다. 단기적으로는 인플레이션과 반드시 상관관계를 갖는다고 말할 수 없으며, 경제 위기 상황에서는 주식, 채권 및 다른 모든 자산과 함께 가치가 하락하는 경향이 있다. 다시 말해 역사적으로 금은 장기간에 걸쳐 구매력을 보존하기 위한 좋은 방법이었지만, 앞으로 1년 동안 인플레이션율이 5퍼센트로 치솟는다면 금이 반드시 도움이 되지는 않을 것이다.

2. 부동산 ———

먼저, 나에 대해 조금 더 알려줄 필요가 있겠다. 나는 부동산에 관한 책을 여러 권 썼고, 본업은 부동산펀드에 자문을 제공하는 것이다. 부동산 분야를 자세히 다룰 수 있지만 여기서는 되도록 짧게 이야기하겠다. 약간 편향된 의견일 수도 있음을 미리 밝힌다.

논의는 주거용 부동산으로 한정하겠다. 상업용 부동산에도 동일한 요인이 많이 적용되지만, 주거용 부동산의 관점에서 살펴보는 게 더 이해하기 쉽기 때문이다. 또한 재택근무로의 전환과 오프라인 매장이 온라인으로 이동하는 것과 같은 사회적 변화로 인해 일부 상업용 부동산이 곤란을 겪고 있는 반면, 주거용 부동산은 거주 수요가 여전히 매우 강한 편이다. 이런 측면에서 주거용 부동산은 궁극의 실물 자산이라 할 수 있다. 누구나 살아야 할 공간이 필요하고, 그 공간은 언제나 가치를 지닌다. 동시에 임대 수익이라는 꾸준한 현금흐름도 창출된다.

그렇다면 왜 인플레이션 시대에 주거용 부동산이 유리한가? 3가지 이유가 있다. 첫째는 매우 명확하다. 부동산은 저금리 환경에서 상대적으로 싼 비용으로 대출을 활용해 레버리지를 일으키기 좋은 대표적 자산이다.

둘째는 부동산 수익의 핵심인 임대료가 인플레이션에 따라 상승한다는 점이다. 이는 채권처럼 고정 수익이 설정된 자산과 극명한 대조를 이룬다. 흔히 임대료는 집주인들이 정한다고 생각하지만 실제로는 해당 지역의 임금 수준에 의해 결정된다. 수요와 공급이 균형을 이루는 상황에서 사람들은 최고의 위치와 조건을 갖춘 집을 얻기 위해 서로 높은 가격을 제시하고, 이런 흐름이 전체 시장에 영향을 미친다. 현실에서는 이보다 복잡하며, 집주인이 누군가 이 정도는 내겠지 하고 생각하는 최대치를 제시하면 임차인이 이에 반응하는 식으로 이루어지지만 그 역학관계는 동일하다.

각각의 잠재적 임차인이 지급할 수 있는 최대 임대료는 그들의 소득에 의해 결정되며, 소득은 인플레이션과 함께 상승하기 때문에 임대료도 자연스럽게 인플레이션에 비례해 오른다. 실제로 지난 10년 동안 영국에서는 소득 대비 임대료 비중이 30~35퍼센트 사이에서 거의 일정하게 유지되었다.[13] 물론 해마다 약간의 차이가 있고 임대료가 급등하거나 정체되기도 하지만, 장기적으로는 패턴이 유지된다.

〈그림 25〉는 이 점을 잘 보여준다. 2005년을 기점으로 임대료, 소비자물가 상승률, 주당 평균 소득을 지수화해 이 지표들이 서로 어떻게 달라졌는지 확인해볼 수 있다. 도표에서 보다시피 예상대로 서로 매우 밀접하게 움직였다. 어쨌든 결론은 만약 당신이 부동산을 매입하고 그날부터 5퍼센트의 임대 수익을 얻는다면, 인플레이

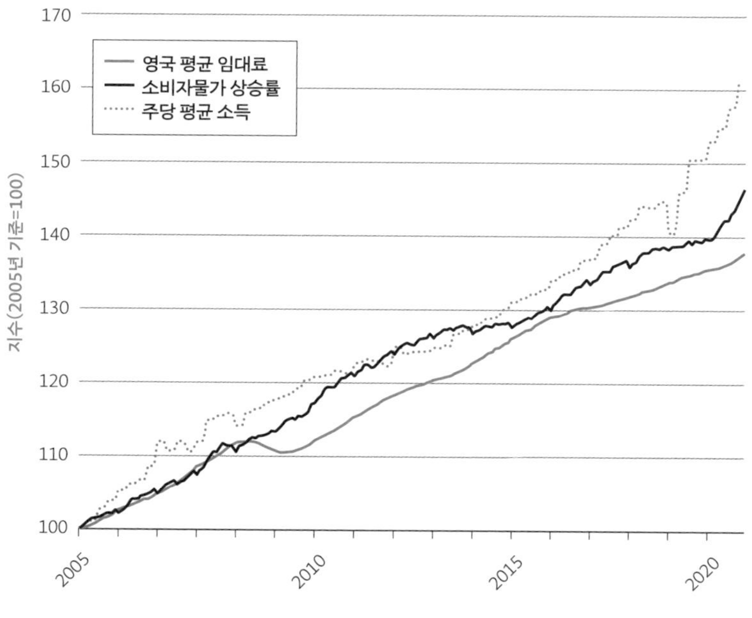

그림 25. 영국의 주요 생활지수 변동 추이14

션 환경에서 시간이 지날수록 임대 수익률은 부동산 매입 가격 대비 상승한다는 것이다. 예를 들어 10만 파운드짜리 주택을 매입해 연 5,000파운드의 임대 수익(5퍼센트 수익률)을 올린다고 하자. 몇 년간 인플레이션 상황이 지나고, 같은 집의 임대 수익이 6,000파운드로 증가한다면, 임대 수익률은 매입 가격 대비 6퍼센트로 상승한 셈이다.

셋째는 부동산의 자본가치는 장기적으로 인플레이션율과 동일하거나 그 이상 증가하는 경향이 있다. 부동산 가치를 결정하는 부분적인 요인은 해당 부동산에서 발생하는 임대료이며, 앞서 확인했듯 임대료는 인플레이션에 비례해 상승하기 때문이다. 또한 주택 구매 자금을 모을 수 있는 능력과 주택담보대출로 빌릴 수 있는 금액은 임금의 영향을 받는데, 임금도 일반적으로 인플레이션과 함께 상승한다. 실제로 1845년부터 2016년까지 영국의 주택 가격 상승률은 인플레이션율보다 연평균 1.1퍼센트 더 높았다.[15] 물론 주택 가격이 급등하거나 하락하는 때도 있겠지만, 이러한 주기적 변동을 제외하면 그 추세는 매우 견고하다.

따라서 주거용 부동산은 자산 가격이 장기적으로 상승하고, 인플레이션과 연동된 꾸준한 수익을 제공하며, 낮은 금리로 대출을 받아 매입할 수 있는 투자 자산을 갖게 되는 것이다. 하지만 어떤 투자도 완벽하진 않다. 부동산 역시 예외는 아니다. 그렇다면 부동산 투자를 재고해야 할 요인에는 어떤 게 있을까?

그중 한 가지는 부동산을 직접 소유하는 데 따르는 잠재적인 번

거로움(유지보수, 관리, 까다로운 임차인 등)을 감수해야 하며, 분산투자가 힘들어진다는 점이다. 이에 대한 해결책은 부동산에 직접 투자하는 대신 펀드를 통해 부동산에 투자하는 것이다. 그렇게 하면 다른 사람이 귀찮은 모든 일을 대신 해주고, 큰 자본 없이도 부동산 투자가 가능해져 분산투자가 더 쉬워진다.

한편, 현 상황을 고려할 때 주요 단점은 부동산의 자본가치가 금리 상승에 취약하다는 점이다. 모든 조건이 동일하다면 금리가 상승할수록 주택 가치는 떨어진다. 왜 그럴까? 대출 비용이 증가하면 주택을 사려는 두 그룹, 즉 투자자와 실수요자는 예전처럼 높은 가격을 지급할 이유가 없어진다. 투자자의 입장에서는 채권 같은 더 안전하고 쉬운 투자에서 얻을 수 있는 것보다 더 높은 수익을 얻으려 할 텐데, 이런 상황에서 이자 지출이 많아진다는 것은 곧 부동산 매입가를 낮춰야 한다는 것을 의미한다.

실수요자의 입장에서는 금리가 높아지면 동일한 소득으로 감당할 수 있는 대출 한도가 줄어들기 때문에, 그만큼 지급할 수 있는 집값도 낮아진다. 결국 시장의 두 구매층 모두가 가격을 낮춰 부르려 하기 때문에 매도자가 받을 수 있는 가격은 내려가게 된다. 이는 앞서 살펴봤던 금리가 떨어지면 자산 가격이 오르는 것과 정확히 반대의 메커니즘이다.

또한 임대료와 달리 부동산 가격은 시간이 지남에 따라 서서히 오르지 않는다. 급등하는 시기가 있는가 하면 폭락하는 시기도 있고, 다음에 어떤 일이 일어날지는 언론의 해설이나 개인의 직관과 일치하지 않는 경우가 대부분이다. 예를 들어 코로나 사태가 발생했을 때 거의 모든 사람이 주택 가격이 폭락할 것이라고 예측했지만, 오히려 2년 동안 전 세계 대부분의 지역에서 급등했다. 그러나 장기적으로는 주택 가격이 인플레이션율을 근소하게 앞지르는 추세를 보인다.

따라서 핵심은 장기적 관점을 취하고 과도한 주택담보대출을 받아 가격이 하락하는 시기에 어쩔 수 없이 매도해야 하는 상황을 피하는 것이다. 부동산을 꾸준히 보유하는 한, 주택 가치가 하락하는 동안에도 인플레이션과 연동된 수입을 계속 얻을 수 있다.

3. 인프라 ———

인프라에는 고속도로, 철도, 하수도, 교량과 같은 경제 활동에 필요한 모든 요소가 포함된다. 대체로 인프라 투자는 중앙정부나 지방정부의 특정 부서에서 위탁한 프로젝트에 투자하는 것을 의미한다. 그 이점은 무엇일까? 인프라 프로젝트는 확실한 계약에 의해 관리되며, 이 계약에는 예측 가능한 수익(투자자들은 이것을 배당금으로 받는다)이 명시되고 인플레이션 보호장치도 포함되어 있다.

인프라 투자는 다른 자산군이나 경제 전반의 흐름과도 상관관계가 낮은 것으로 평가된다. 예를 들어 정부가 새로운 다리나 병원이 필요할 경우, 주식시장이 하락하거나 경기침체가 발생했다고 해서 그 프로젝트를 도중에 취소하지는 않을 것이다. 오히려 정부는 경기침체기에 민간 부문의 수요 감소를 보완하기 위해 인프라에 대한 투자를 늘리기도 한다.

인프라 투자 방법으로는 다양한 프로젝트에 분산해서 투자하는 펀드가 있다. '인프라펀드'와 관심 국가를 검색해 규모가 가장 큰 펀드를 찾은 다음, 해당 펀드의 보유 목록을 확인해 어떤 프로젝트에 투자하고 있으며 성과는 어떤지 알아본다. 개인적으로 인프라는 부동산과 원자재 투자보다 흥미가 덜하지만, 실물 자산의 한 종류로 언급할 가치는 있다.

 지루할 만큼 단조롭게 주식에 투자하라

금융억압 때문에 '마지못해 투자하는 사람들'이 있다고 말한 바 있다. 은행 예금이 가장 안전하다고 느끼면서도, 현금의 구매력이 서서히 녹아내리는 것을 막기 위해서 어쩔 수 없이 투자의 세계에 발을 들이게 되는 것이다. 만일 당신이 그런 경우라면, 가장 좋은 방법은 특별한 투자 지식이나 미래를 정확하게 예측하는 능력이 필요 없도록 가능한 한 단조롭게 투자하는 것이다.

이를 달성하는 방법은 개별 종목을 고르려는 시도를 포기하고 시장 전체에 분산된 인덱스펀드에 투자하는 것이다. 예를 들어 영국의 100대 대기업의 지분을 조금씩 보유한 펀드에 투자해 이 기업들의 평균적인 실적에 따라 수익을 얻고 이들 기업이 지급하는 배당금의 일부를 받을 수 있다.

하지만 이 정도로는 충분하지 않다. '나는 오를 주식을 골라잡을 재주가 없으니 모든 주식을 다 달라'는 철학을 따르고 싶다면, 전 세계 수천 개 기업에 일괄 투자하는 글로벌 인덱스펀드가 필요하다. 왜냐하면 국가마다, 지역마다, 산업마다 주식시장의 성과는 서로 다르게 움직이기 때문이다.

예를 들어 대략 2011년부터 2021년까지 미국 주식시장은 가치가 거의 3배나 증가할 정도로 매우 강력한 성과를 보였던 반면, 영국의 주식시장은 사실상 전혀 성장하지 못했다. 만일 이 기간 동안 영국 주식에 치중해 투자했다면 수익의 기회를 놓쳤을 것이다. 또 다른 범주로, 중국과 인도 같은 대규모 경제권과 그리스와 페루 같은 소형 경제권을 아우르는 '신흥 시장'이 있다. 이들은 2000년부터 2009년까지 전 세계 다른 지역보다 훨씬 뛰어난 성과를 보였지만, 이후 10년 동안 저조한 실적을 거뒀다.

전 세계 모든 지역의 모든 회사로 구성된 펀드를 보유한다면, 전체 평균 정도의 수익률을 얻게 된다. 평균을 달성한다는 것은 최고 실적의 주식을 골라 최고의 투자 성과를 얻을 가능성을 포기하는 셈이지만, 최악의 주식을 골라 형편없는 결과를 얻을 위험을 피한다는 의미이기도 하다. 그리고 장기적으로 보면 세계 기업들의 평균 성장률은 우상향하기 때문에, 결국 안정적인 수익을 기대할 수 있다.

여기에도 주의가 필요하다. '주식시장 기준'이라는 말에는 여전히 불편할 정도로 큰 변동성을 수반한다. 예를 들어 글로벌 인덱스펀드는 2022년까지 43년 가운데 33개 연도에서 수익을 기록했지만,[16] 10퍼센트 이상 손실이 난 해도 네 번 있었다. 가장 부진했던 해는 2008년으로, 무려 37퍼센트의 손실을 냈다.

그런 까닭에 주식시장에 손을 대기 전에는 폭락장 때 놀라서 매도하지 않을 강인한 정신력을 갖춰야 하며, 적어도 5년 이상 투자할 계획이 있어야 한다. 그래야 주가 하락 직전에 주식을 매수하는 실수를 했더라도 시장이 회복할 시간을 확보할 수 있다.

특정 상품을 추천하는 건 아니지만 예시로 하나 소개하자면, 뱅가드Vanguard의 FTSE All-World ETFVWRL는 49개국의 3,767개 기업을 투자 대상으로 삼는 펀드다.

글로벌 인덱스펀드는 각국의 주식시장 규모를 기준으로 투자 비중을 조정한다는 점도 알아둘 필요가 있다. 미국은 전 세계 주식시장의 약 60퍼센트를 차지하기 때문에 49개국에 걸쳐 분산투자를 하더라도 미국에서 일어나는 일에 크게 영향을 받을 수밖에 없다. 이 점이 불편하다면 전반적으로 미국 주식의 비중이 낮은 펀드를 조합해 매수하면 된다. 하지만 그러면 다시 승자를 골라내는 게임으로 돌아가게 된다.

실행 전략
: 나는 이렇게 투자한다

지금부터 내가 어떻게 투자하고 있는지를 이야기하겠다. 똑같이 따라 하라는 의미가 아니라, 앞에서 말한 원칙을 어떻게 활용할 수 있는지 보여주려는 차원에서다.

먼저, 나는 최소 20년의 투자 기간을 설정했다는 점을 염두에 두었으면 한다. 그때까지는 개별 연도의 투자 성과에 크게 신경 쓰지 않을 생각이다. 나는 투자 수익이 아닌 근로소득으로 생활하고 있기 때문이다.

나는 '원칙 1'에 따라 현금 보유량을 최소화하려고 하지만, 그래도 비상시를 대비해 현금을 확보해놓는 게 중요하다고 생각한다. 그리고 부동산을 구매하기 위해 평소 현금을 모아두는 경우도 있다. 즉 나는 항상 자금의 어느 정도는 현금으로 보유하고 있으며, 그 돈의 가치는 하락할 수밖에 없다. 하지만 별로 개의치 않는다. 위험을 감수하지 않고 필요할 때 바로 쓸 수 있는 대가로 치르는 비용이라고 생각하기 때문이다.

다음은 부동산이다. 이것은 내가 특별히 선호한다고 밝힌 실물 자산(원칙 4)이다. 솔직히 인플레이션을 안정적으로 따라가는 수익 흐름과 거의 200년간 인플레이션을 능가한 자산 가치에 열광하지 않을 수 없다. 그리고 '원칙 2'에 따라 나는 책임 있게 부채를 활용한다. 새로운 부동산을 매입할 때 나는 매입가의 75퍼센트를 대출받는다. 이는 내가 안전하다고 생각하는 대출 한도로, 사람마다 다를 수 있다. 매입 후에는 부동산 가치가 상승하고 부채가 그대로인 상태로 부채 비중이 자연스럽게 줄어들도록 내버려둔다. 또한 '원칙 3'에 따라 인플레이션 방어 수단으로 금을 어느 정도 보유한다.

그리고 '원칙 5'에 따라 주식시장에도 최대한 단조롭게 투자하고 있다. 연금 차원에서 글로벌 인덱스펀드에 투자하고 있는데, 특정 시기에 어떤 기업이나 국가가 최고의 성과를 낼지 판단할 전문성이 나에겐 없다는 것을 잘 알고 있기 때문이다. 모든 주식을 조금씩 소유함으로써 나는 그것을 인간의 독창성에 거는 도박으로 여긴다. 기업들이 사람들의 니즈를 충족시키는 더 좋고 저렴한 방법을 계속 찾아낸다면, 시간이 지날수록 기업의 수익이 늘어날 것이고 기업에 대한 가치 평가도 높아질 것이다.

사실 나는 향후 10년 동안 어떤 식의 주식투자든 과거에 비해 특별히 좋은 성과가 나올 거라는 확신이 없다. 인플레이션과 저성장은 주식시장에 악재다. 경기가 부진할 때는 모든 기업의 수익에 대한 불확실성이 커지고, 인플레이션율이 높으면 미래의 수익 가치가 떨어지기 때문이다. 나는 향후 인플레이션과 저성장을 예상하기에 주식시장에서 큰 수익을 기대하기는 어렵다고 본다. 하지만 주식시장을 아예 배제하는 건 너무 극단적이다. 어느 자산이든 일정 부분 분산투자하는 것이 일반적으로 바람직하며, 내가 설정한 투자 기간은 10년 이상이므로 저점에서 주식을 매수해 장기 보유하면, 결국 이익을 볼 가능성이 크다. 영국을 비롯한 대부분의 국가에서는 소득과 투자 수익에 대한 과세를 면제하거나 유예하는 제도가 있어서 장기간 주식을 보유하기도 쉽다.

이 외에도 재미 삼아 하는 다소 공격적인 투자도 있지만, 내 자산 포트폴리오의 대부분은 부동산, 현금, 글로벌 인덱스펀드가 차지한다. 나의 포트폴리오에서 찾을 수 없는 것은? '원칙 3'에 따라 당연히 채권이다.

앞으로 몇 년 동안, 부동산이든 주식이든 분명 호황과 불황을 반복할 것이다. 하지만 그런 상황이 크게 신경 쓰이진 않는다. 결국 지금보다 훨씬 높은 가치를 가질 것이라 믿기 때문이다. 그리고 무엇보다 하락장에서도 버틸 수 있을 만큼 낮은 수준의 부채만 보유하고 있기 때문에, 과도한 위험에 노출될 일도 없다.

다시 말하지만, 이것은 내 방식일 뿐이다. 당신도 이렇게 해야 한다는 게 절대 아니다. 당신은 부동산에 투자할 시간이나 지식, 관심이 없을 수도 있다. 개인적 상황이나 투자 기간을 고려해 채권을 보유할 타당한 이유가 있을 수도 있다. 어쩌면 빚을 지는 데 따르는 위험을 원치 않을 수도 있다. 혹은 더 큰 잠재적 수익을 위해 더 많은 위험을 감수하고자 할 수도 있다.

이 장의 목적은 내 방식을 권하는 것이 아니라, 이 책에서 배운 이론과 원칙을 실제 전략으로 구체화하는 예시를 보여주는 것이다. 만약 혼자 판단하기 어렵다면, 투자전문가의 도움을 받는 것도 좋은 선택이다. 이 책은 스스로 모든 결정을 내리라는 의미가 아니다. 다만 누구의 조언이든 비판적으로 검토하고, 더 똑똑한 질문을 던질 수 있도록 돕기 위한 도구일 뿐이다.

앞으로 어떤 일이
일어날 것인가

다가올 날들이 내 예상대로 전개된다면, 돈을 최대한 활용하기 위한 이런 접근 방식은 당신에게 든든한 기반이 되어줄 것이다. 하지만 금융 시스템 전반의 건정성은 어떻게 될까?

내가 생각하는 미래 모습은 지금과 매우 유사하다. 더 많은 돈의 창출, 더 많은 부채, 예금자들의 더 많은 고통, 그리고 이미 자산을 소유한 사람과 그렇지 않은 사람 간의 격차가 더 커질 것이다. 이전 장에서 이러한 정책들이 초래한 부정적인 모든 영향을 살펴봤다. 정말로 이러한 상황이 영원히 지속될 수 있을까?

그럴 리 없다. 언젠가는 반드시 종착점이 올 수밖에 없다. 그게 언제일까? 아마도 그리 머지않은 미래일 것이다.

"열심히 일하고 저축하면 부자가 된다."

이 오래된 믿음은 더 이상 온전하게 작동하지 않는다.

은행에 돈을 넣는 순간,

구매력은 인플레이션에게 도난당한다.

우리 앞에 놓인 선택은 분명하다.

녹아내리는 현금을 움켜쥘 것인가,

실물 자산이라는 방주에 올라탈 것인가.

돈을 금고에 가두지 마라.

돈을 세상에 보내 당신을 위해 일하게 하라.

그것이 당신이

돈의 주인으로 남는 유일한 길이다.

돈을 이해하는 순간,
세상이 선명해진다

●

대중 경제학의 한 분야에는 꽤 수익성 높은 장르가 있다. 바로 '금융 종말론'을 반복적으로 예언하는 책들이다. 몇몇 저자들은 경제에 무슨 일이 생기든 그것이 전 세계 금융 시스템이 붕괴될 확실한 징조라고 경고하는 책을 연이어 쏟아낸다. 그들이 제안하는 생존법은 뒷마당에 금을 묻어놓고 통조림을 비축해두는 것뿐이다.

그런데 몇 년 후에도 세상의 종말이 오지 않는다면 어떻게 될까? 이제 종말이 더 가까워졌다는 뜻이라며, 다음 책을 사서 다가올 상황을 파악하고 더 시급하게 통조림을 사둬야 한다고 주장한다.

고장난 시계도 하루에 두 번은 맞듯, 그들의 말이 맞는 순간이 언젠가는 오고야 말 것이다. 이 책은 돈의 역사가 여러 '시대'를 거쳐왔으며, 어떤 위기가 기폭제가 되어 금융 세계는 한 체제에서 다른 체제로 전환되었다. 예를 들어 80년 전 우리는 '금본위제'에서 '달러 연동제'로 이동했고, 50년 전에는 거기에서 다시 '법정화폐'(정부가 가치를 보증한다는 이유로 가치를 갖는) 체제로 옮겨갔다.

이런 변화의 한가운데에 살고 있으면 지금의 체제가 당연하고 자연스럽고 '정상적'으로 느껴진다. 하지만 모든 통화 시스템은 인간이 만든 인위적인 구조물일 뿐이다. 우리는 1장에서 동전과 당근을 순진하게 교환하던 시절 이후로, 자연스럽게 생겨난 화폐를 본 적이 없다. 그리고 역사는 모든 시스템이 결국 마지막에는 무너져 내린다는 것을 알려준다.

그렇다면 우리가 지금 살고 있는 이 시스템은 언제쯤 무너질까? 나는 '경제 종말론자'들과 동일선상에 서고 싶지는 않다. 하지만 법정화폐 시스템이 도입된 지 50년이 지난 지금, 우리는 이 시대의 시작점보다는 끝점에 훨씬 더 가까워진 것처럼 보인다.

다가올 경제 패러다임 전환의 시그널

영국인은 자신들이 여전히 세계 무대의 주요 플레이어라고 믿고 싶어하지만, 막상 영국에서 벌어지는 일이 전 세계 뉴스의 헤드라인을 장식할 때는 우리가 곤경에 빠져 있을 때다.

2022년 9월, 영국의 신임 총리 리즈 트러스Liz Truss와 재무장관 쿼지 콰텡Kwasi Kwarteng이 대규모 감세정책을 담은 '미니 예산안'을 발표했던 당시 상황이 바로 그랬다. 사실상 미니 예산안 사태는 인류 역사상 가장 부적합한 명칭이 붙은 국가 재정 관련 사건 중 하나로 기록되었다.

표면적으로 볼 때, 그들이 발표한 내용은 1970년대 이래 각국 정부가 해왔던 방식과 크게 다르지 않았다. 즉 재원 마련 대책도 없이 일단 엄청난 돈을 쓰겠다는 계획이었다. 하지만 이번에는 결과가 매우 달랐다.

그 이유가 뭘까? 아마도 결국에는 이 모든 비용이 상쇄될 것이라는 재정 시뮬레이션을 생략했기 때문일 수 있다. 물론 이런 전망이 현실화되는 경우는 없다. 또한 전 국민의 에너지 요금을 2년간 보조하겠다는 그 규모조차 가늠하기 어려운 막대한 정책 비용 때문이었을 수도 있다. 아니면 앞서 논의한 이유들로 인해 금리 인상 시점에의 대규모 추가 차입이 갑자기 매력을 잃었기 때문일 수도 있다. 아마도 이 모든 요인이 복합적으로 작용했거나, 그 외의 다른 요인들이 결합된 결과일 것이다.

이유가 뭐가 됐든 금융시장은 이 정책을 전혀 반기지 않았고 그 결과 두 가지 현상이 나타났다. 첫째, 영국 정부의 차입 비용이 급격히 상승했다. 재무장관이 발표하기 전 10년 만기 국채 수익률은 약 3.3퍼센트 수준이었으나[1] 발표가 끝나고 얼마 지나지 않아 4.5퍼센트를 넘어섰다. 사실상 세계 시장 전체가 영국 정부에 자금을 빌려주는 대가로 더 높은 금리를 요구하고 나선 것이다.

이는 부분적으로는 예산안에 담긴 조치들이 인플레이션을 유발할 거라고 예상했기 때문이다. 인플레이션이 높아지면 미래에 받을 이자의 실질가치도 줄어드므로, 이를 보완하기 위해 더 높은 명목

이자율이 요구된다.

또 다른 하나는 위험 인식 때문이다. 즉 영국 정부가 빚을 갚지 못할 수도 있다는 인식이 확산된 것이다. 물론 정부에 돈을 빌려주는 일은 위험이 매우 낮지만 그렇다고 절대적으로 안전한 것은 아니다. 실제로 채무가 불이행될 경우, 그 손실을 보전해주는 보험성 계약인 '신용 디폴트 스왑Credit Default Swap, CDS'을 살펴보면, 대출기관들이 영국 정부를 더 위험한 채무자로 여기기 시작했음을 알 수 있다. 단 일주일 만에 CDS 비용은 두 배 이상 상승했다.[2]

선진국 국채시장의 기준으로 볼 때, 이 정도 변화는 엄청난 수준이었다. 그리고 이 변화가 미친 파장은 여기서 끝나지 않고, 전 세계적 파장을 불러일으키며 훨씬 심각한 결과를 초래했다.

앞서 살펴봤듯 연기금은 국채를 대량으로 보유하고 있다. 그러나 이들은 단순히 국채를 매입하고 보유하는 데서 그치지 않고, 더 높은 수익을 추구하기 위해 국채를 담보로 돈을 빌려 추가 국채를 매입했다.[3] 그들 중 일부는 매입한 국채를 담보로 더 많은 돈을 빌려 더 많은 국채를 매입하는 과정을 여섯 차례나 반복하기도 했다. 더 많은 국채를 보유하고 이자 수익을 챙기면서 평소보다 더 높은 수익을 올리고 있었던 것이다.

그들의 담보물인 국채 가치가 비교적 안정적으로 유지되는 한, 이는 매우 현명한 전략이다. 하지만 국채 수익률이 상승하면 시장에서의 국채 가격은 하락한다. 미니 예산안 발표 이후 국채 수익률이 급등하면서 담보물의 가치가 급락했다. 결과적으로 국채를 담보로 잡고 돈을 빌려준 금융기관들은 갑자기 더 많은 담보를 요구하기 시작했다.

이러한 상황에서 연기금은 추가 담보로 제공할 현금을 마련하기 위해 보유 중이던 국채를 시장에 내다팔 수밖에 없었다. 그런데 이 매도 행위가 시장에 국채를 쏟아붓는 결과를 초래하면서 국채 가격은 더 떨어졌다.

국채 가격이 더 하락하자 대출기관들은 더 많은 담보를 요구했으며, 연기금은 다시 국채를 매각해야 했고, 이는 국채 가격을 더욱 하락시켰다. 이러한 현상을 둠 루프doom loop(파멸의 고리)라고 부르는데, 거기에는 충분한 이유가 있다. 국채 가격의 완전한 붕괴를 막으려면 영국은행이 개입할 필요가 있었다. 영국은행은 다급히 자금을 조성해 유통 중인 국채의 일부를 사들이는 방식으로 시장에 추가 수요를 창출함으로써 국채 가격이 더 떨어지는 것을 방어할 수밖에 없었다.

영국은행의 개입은 성공적이었고 상황은 해소되었으나 리즈 트러스와 쿼지 콰텡 모두 한 달도 안 되어 사임했고 예산안도 철회되었다. 마침내 시장은 안정되었고, 불운의 미니 예산안이 발표된 지 6주 만에 영국 정부의 차입 비용은 거의 원래 상태로 회복되었다.

이 사건은 마치 긴박하게 전개되는 한 편의 드라마 같았다. 그리고 내 입장에서는 모든 것이 결국 어떻게 끝날지 보여주는 예고편과 같았다. 오늘날 글로벌시장은 신뢰에 기반을 둔다. 정부와 다른 모든 이들이 막대한 부채를 지고 있어도, 그래도 괜찮을 것이라는 전반적인 믿음이 있다면 문제가 없다.

그러나 2007년 세계 주요 은행들이 서로 신뢰를 잃었던 것처럼 신뢰가 허물어질 때는 매우 빠르게 무너져내릴 수 있다. 그리고 그런 일이 발생하면 금융 시스템 내에 너무 많은 레버리지가 있는 탓에 예기치 못한 부분에서 예상치 못한 결과가 발생할 수 있다. 2022년 말 영국에서 발생한 모든 일은 정부가 추가 차입을 위한 계획을 발표한 데서 시작되었다는 점을 기억할 필요가 있다. 그 결과 길고 복잡한 사건의 연쇄 작용을 통해 영국의 연금 제도 전체가 붕괴 직전까지 몰렸다. 만약 영국은행이 개입해 이를 막지 못했다면 세계 금융 시스템 전체를 무너뜨릴 만큼 큰 사건으로 비화되었을 것이다.

세계 경제를 떠받치는 것은 더 이상 금본위제나 달러 연동제와 같은 실물 기반이 아니다. 신뢰가 유일한 기반이며, 그 신뢰가 흔들리면, 극단적이고 있을 법하지 않은 일들이 누구도 예상치 못한 속도로 발생할 수 있다.

우리는 거의 다 온 걸까?

그렇다면 신뢰가 마침내 무너져 걷잡을 수 없는 연쇄 반응을 일으키는 순간은 언제쯤 찾아올까? 한때는 2008년 금융위기가 그 시점일 수도 있겠다 싶었다. 정부와 중앙은행들이 동원할 수 있는 수단이 고갈된 것처럼 보였기 때문이다. 하지만 위기는 지나갔고, 세상은 다시 굴러갔다.

그 후 세계는 2020년의 또 다른 위기를 맞았다. 그때는 상황이 훨씬 더 취약했고, '이젠 정말 끝인가' 싶은 기류도 있었다. 그리고 2022년에는 또 한 차례의 극심한 혼란(러시아-우크라이나 전쟁)이 있었다. 다음 위기가 그 임계점이 될까? 아니면 그다음 위기일까? 또 그다음일까? 그 누구도 알 수 없다. 하지만 한 가지는 분명하다. 언젠가는 결국 지금의 빚더미 경제에 대한 신뢰가 무너질 것이며, 그 순간 지금의 화폐 시대는 막을 내리고, 새로운 시대가 시작될 것이다.

새로운 화폐의 시대는 어떤 모습일까? 전환은 비교적 고통 없이 이루어질까, 아니면 심각한 사회적 혼란을 수반할까? 이 과정에서 누가 승자가 되고, 누가 패자가 될까? 답변하기 어려운 질문이다. 확실한 것은 결국 그 일이 발생할 것이라는 점이다. 지금껏 항상 그래왔다고 역사가 말해준다.

이상하게 들릴 수도 있지만, 나는 이 문제로 잠을 설칠 필요는 없다고 생각한다. '전 세계 금융 시스템의 완전한 붕괴'가 큰일처럼 보이고 실제로 큰 문제이긴 하지만, 당신은 그 일을 통제할 수 없으며 언제 그런 일이 일어날지 전혀 알 수 없기 때문이다. 그날이 정확히 언제인지 안다고 해도, 과연 뭘 할 수 있겠는가?

글쎄 아마도 현금을 많이 보유하고 싶지는 않을 것이다. 갑자기 가치가 사라질 수도 있기 때문이다. 분명 채권자가 되고 싶지는 않을 것이다. 새로운 시스템으로 전환하는 과정에서 모든 부채가 갑자기 소멸될 수도 있으니 말이다. 같은 이유로 채무자의 입장이라면 좋겠다고 생각할 수도 있겠다. 그리고 무슨 일이 있든 간에 사람들이 항상 필요로 하는 것과 관련된 자산, 즉 식량, 에너지, 주택 등의 형태로 자산을 쌓아두고 싶을 것이다. 돌이켜보면 내가 이 책에서 제안한 5가지 원칙은 바로 그러한 시나리오에 최적화된 전략이었다.

그러니 이 책이 '붕괴론'으로 마무리된다고 느끼진 않기를 바란다. 지금쯤이라면 이 책의 리뷰를 남기려고 온라인 플랫폼에 접속하려는 참일 수도 있는데, 괜히 불안감만 주는 것은 내가 원했던 결말이 아니다. 오히려 내 목표는 나는 당신이 이 책을 덮으며 스스로 훨씬 더 강해졌다고 느끼길 바란다. 지금 당신은 경제적 사건들을 해석하고, 변화에 따라 방향을 바꾸고, 어떤 미래가 오더라도 충분히 스스로의 돈을 지킬 준비가 된 사람이다.

당신 혼자서도 얼마든 헤쳐나갈 준비가 되었다고 확신하지만, 여기서 끝내지는 않겠다. 앞으로 무슨 일이 일어나든 분명 범상치는 않을 것이며, 나는 계속해서 그 변화 추이를 면밀하게 지켜볼 것이다. 여기서 선을 긋고 '끝'을 선언하지 않고, 가끔 추가 정보를 공개할 계획이다. 정보를 업데이트할 때마다 그 시점에 금융 세계에서 무슨 일이 일어나고 있는지 분석해서 설명할 예정인데, 이 책의 내용을 바탕으로 이야기할 생각이다. 그 값이 얼마인지 묻는다면, 질문으로 답하겠다. 미래의 어느 시점에 1파운드의 가치가 얼마나 될까? 아무런 가치도 없을 테니, 업데이트 정보도 무료다.

robdix.com/chapter에 이메일 주소를 등록하면, 내가 올리는 정보가 업데이트될 때마다 이메일로 받아볼 수 있을 것이다. 또한 내가 즐겨 보는 책과 블로그, 팟캐스트, 동영상 목록과 함께 그것들을 높이 평가하는 이유도 정보 등록 즉시 알려주겠다. 이 목록을 바탕으로 내가 책에서 이야기한 주제를 더 깊게 파고들 수 있을 것이다.

지금 당장은 당신에게 축하의 말을 전하고 싶다. 이제 당신은 친구나 가족보다 돈의 세계에 대해 더 많이 알고 있으며 많은 금융자문가들, 심지어 대부분의 정치인과 정책 결정권자들보다 더 많이 알고 있다. 이제 당신은 경제 관련 뉴스를 이해하고, 그중 많은 내용이 사실이 아니라 잘못된 정보일 수도 있음을 깨닫게 될 것이다. 무엇보다도, 이 책에서 얻은 새로운 지식 덕분에 당신은 지금 보유한 돈에 대해 더 잘 알게 되었으며, 확신을 갖고 더 나은 수익을 안겨줄 결정을 내릴 수 있을 것이다.

어떤 경제 상황에도 번영하는
7가지 투자 원칙

●

이 책을 읽고 나면 경제가 어떻게 작동하고 어떻게 현재에 이르게 되었는지 평균 이상으로 깊이 이해하게 되었을 것이다. 지금까지 배운 내용을 통해 뿌듯함을 느낄 수도 있고, 반대로 분노를 느꼈을 수도 있다. 어쨌든 한 가지는 확실하다. 경제는 당신 삶에 영향을 줄 수밖에 없으며, 당신이 취하는 행동 하나하나가 경제의 일부로 작용한다는 점이다.

10장에서 나는 가까운 미래에 경제가 어떤 모습이 될지에 대해 몇 가지 생각을 이야기했다. 하지만 내 생각대로 미래가 펼쳐진다고 해도 그 상태가 영원히 지속되지는 않을 것이다. 역사가 보여주듯 현 상황에 이제 막 익숙해졌을 때쯤 어디선가 위기가 불쑥 튀어나와 전혀 다른 시대가 시작되곤 한다.

그렇다면 우리는 앞으로 경제 폭풍이 휘몰아친다면 어떻게 해야 할까? 나는 다음과 같은 7가지 원칙을 정리했다. 이 원칙들은 경제 상황을 해석하는 법, 믿어야 할 사람과 그렇지 않은 사람을 구분하는 법, 그리고 어떤 행동을 취해야 하는지를 알려줄 것이다. 앞서 배운 개념들과 결합하면, 앞으로 어떤 경제적 위기가 닥치더라도 흔들리지 않고 재정적으로 성장할 수 있는 지침이 될 것이다.

원칙 1 정부에 의존하지 마라

친구가 한 달 뒤 갚겠다며 100달러를 빌려달라는 부탁을 했다고 하자. 다음 달이 되자 그 친구는 계획했던 것보다 지출이 많았다면서 추가로 50달러를 더 빌려줘야만 애초의 100달러를 갚을 수 있다고 말한다. 또 한 달이 지나자 친구는 빌려간 150달러를 다 갚긴 할 텐데, 예상치 못한 차 수리 때문에 200달러를 다시 빌려야겠다고 말한다.

그 친구가 얼마나 좋은 친구인지에 따라 다르겠지만, 아마도 곧 그 친구에게 돈을 빌려주지 않게 될 것이다. 그리고 향후에도 당신이 베푼 호의를 되돌려 받거나 그 친구가 나에게 도움이 될 거라는 기대를 갖지 않게 될 것이다. 하지만 우리 대부분은 우리가 세금을 납부하는 정부와 이런 관계에 있다.

앞서 말했듯 미국 정부는 지난 50년 중 46년 동안 지출이 수입보다 많았고, 소위 '부유하다는' 모든 국가의 국가부채 총액은 매년 증가하고 있다. 주요 국가 중 어떤 나라도 돈을 빌리거나 찍어낼 수 없게 되면, 단 한 해도 버틸 수 없을 것이다. 학교, 병원, 경찰은 점점 쌓여가는 국가부채 덕분에 간신히 운영되는 셈이다.

이것이 바로 오늘날의 상황이다. 그리고 안타깝게도, 앞으로도 크게 달라질 가능성은 낮다. 4장에서 살펴본 것처럼, 금융의 역사에서 반복되는 공식은 권력을 가진 이들이 화폐 시스템을 오용하거나, 당장의 문제해결을 위해 무분별한 차입과 화폐 발행으로 결국 위기를 초래한다는 사실이다.

이 점을 염두에 둔다면, 은퇴 후 국민연금을 받을 수 있다고 얼마나 확신하는가? 개인연금을 착실하게 쌓아온 사람이라면, 정부가 법을 바꿔 그 일부를 가져가려는 유혹을 참아낼 수 있을 거라고 믿는가? 정부의 소득 지원을 받고 있다면, 그 지원 수준이 계속 유지될 거라고 생각하는가? 아니면 인플레이션을 이용해 동일한 수준을 유지하는 것처럼 보이면서 지원 규모를 차츰 줄이게 될까?

정부가 우리의 삶을 영원히 지탱해줄 것이라 기대하는 것은, 현실과는 거리가 먼 이상주의다. 우리는 정부가 언젠가는 신뢰를 저버릴 수 있다는 사실을 마음속에 새겨야 한다. 준비되지 않은 이들에게 경제 시스템은 가혹하지만, 미리 알고 대비한 사람들에겐 위기조차도 기회가 될 수 있다.

원칙 2 뉴스의 '서사'에 휘둘리지 말고 '사건'을 따라가라

전설적인 투자자 찰리 멍거는 "인센티브를 보여달라, 그러면 결과를 보여주겠다"라고 말했다. 인센티브는 행동을 낳는다. 개를 훈련

시키는 일은 물론이고 다른 거의 모든 일에서도 이는 사실이다.

금융 전문 언론인과 경제 평론가들의 인센티브는 무엇일까? 답은 간단하다. 더 많은 이의 관심을 끄는 것이다. 더 많은 클릭 수는 더 많은 광고 수익과 주목도를 의미하고, 결국 그들의 성공과도 직결된다. 그런데 "내년에 집값이 아주 약간 오를 것이다"라는 식으로 따분하지만 결국은 사실로 드러난 말을 한다면, 아무도 기억하지 못하거나 어쩌면 그게 사실이라는 것조차 알아차리지 못할 수도 있다. 하지만 "주택 가격, 대공황 이후 최악의 폭락 예상"이라고 말한다면 언론사 여기저기서 인터뷰 요청을 해올 것이다.

그뿐만 아니라, 금융 매체가 정보를 어디서 얻는지 살펴볼 필요도 있다. 대부분의 기사, 인용문, 의견은 정치인이나 경제학자에게서 나온다. 정치인들의 발언은 말할 것도 없이 자신의 메시지를 관철시키려는 서사일 가능성이 높고, 경제학자에 대해서는 이 책 전체를 통해 이미 여러 차례 비판한 바 있다.

이런 점을 감안하면, 경제 뉴스를 최대한 적게 접하고 접하더라도 충분히 의심해보는 것이 정신적으로도, 경제적으로도 더 나은 선택을 하게 될 확률이 높다. 하지만 뉴스를 완전히 끊는 것이 어렵다면, 최소한 '사건'과 '이야기'를 구분하는 습관을 들이자.

간단한 예를 들어보자. 정부가 기본 세율을 1퍼센트 인상했다. 이것은 하나의 사건이며, 그 이유를 알아볼 가치가 있다. 왜 그런 일이 발생했을까? 그 원인은 무엇일까? 그것이 GDP, 주식시장, 주택 가격에 어떤 영향을 미칠 것인가? 이는 모두 이야기다. 거의 모

든 이야기가 어떤 이유로든 잘못될 것이기 때문에 이를 무시해도
아무런 문제가 없다.

이제 경제가 어떻게 작동하는지에 대한 기반을 탄탄히 다졌으니
다른 사람들의 이야기를 무시하고 대신 스스로의 이야기를 구성할
수 있다. 매체와 더 깊이 관여해야 한다면, 가능한 한 다양한 의견
을 폭넓게 접하고, 당신의 지식을 활용해 접한 내용을 정리하고 어
떤 것이 가장 그럴듯한지 판단하라.

원칙 3) 명목가치가 아닌 실질가치를 생각하라

사람들은 '오늘의 돈'이 '어제의 돈'과 다르다는 건 쉽게 받아들인
다. "나는 1980년에 집을 3만 5,000파운드에 샀지만, 오늘날의 화
폐 가치로는 15만 파운드는 될걸?" 그런데 내일의 돈이 오늘의 돈
과 다를 것이라는 점은 인식하지 못한다.

이런 사고방식은 투자 목표 설정에서 종종 드러난다. 사람들은
지금의 생활비를 기준으로 은퇴 자금을 계산하고, 목표 금액을 세
운다. 그러나 시간이 지나면 인플레이션으로 인해, 그 금액이 실제
로는 훨씬 적은 가치를 지니게 된다.

연봉 협상도 마찬가지다. 매년 소폭의 연봉 인상에 만족하지만,
물가 상승률을 감안하면 실질임금이 줄어드는 경우가 많다. 정부가
발표하는 GDP 수치 역시 마찬가지다. 'GDP 증가'라 해도, 그저 모
든 것이 비싸졌기 때문일 뿐 실질생산이 증가한 것이 아닐 수 있다.

인플레이션율이 높은 기간에는 그 영향에 대한 인식이 커지고

그로 인한 손실을 메우려는 욕구가 생기지만, 인플레이션율이 잠잠해지면 모두가 다시 나태해진다. 이는 벗어나기 어려운 습관이다. 이 책을 계기로 앞으로는 명목수치 대신 인플레이션을 차감한 실질가치로 생각하는 계기가 되길 바란다.

실질가치로 생각하는 법을 익히면 수많은 함정을 피할 수 있다. 2022년 말, 많은 사람은 함정에 빠졌다. 금리가 마침내 제로에서 벗어나 오르기 시작했고 이는 적어도 영국에서는 몇 달 만에 저축계좌에서 약 3퍼센트의 수익이 나온다는 것을 의미했다. 훌륭하다. 마침내 투자시장에 뛰어드는 위험을 감수하지 않고도 저축액을 늘리게 되었다! 그러나 당시 인플레이션율은 10퍼센트를 넘어섰다. 따라서 실질적으로는 연간 7퍼센트의 손실을 보는 셈이었다. 즉 인플레이션율이 7퍼센트로 유지되고 은행은 아무런 이자를 주지 않았던 몇 달 전과 다를 바가 없었다.

만약 과거 자산 수익률에 인플레이션이 어떤 영향을 미쳤는지 알고 싶다면, in2013dollars.com 같은 웹사이트에서 전 세계 30여 개국의 수십 년간 실질가치를 비교할 수 있다. 미래 투자 수익률에 인플레이션이 미치는 영향을 시뮬레이션하고 싶다면 omnicalculator.com/finance/investment에서 다양한 가정치를 입력해 실질수익률을 계산할 수 있다.

원칙 4 통제할 자신이 없다면 분산하라

경제나 특정 자산의 향후 움직임을 예측하는 것은 사실상 불가능하다. 이 현실에 대처하는 데에는 2가지 전혀 다른, 그러나 모두 유효한 접근 방식이 있다.

첫 번째 접근은 '통제할 수 있는 투자'에 집중하는 전략이다. 예를 들어 주택 리모델링에 뛰어난 실력을 갖고 있다면(또는 리모델링 전문가를 잘 관리할 수 있는 능력이 있다면) 직접 가치를 더하는 투자를 할 수 있다. 시장 상황이 우호적일 때는 추가적인 수익을 얻을 수 있고, 시장이 불리할 때도 직접 창출한 가치 덕분에 손해를 피할 수 있다. 이와 비슷하게, 특정 분야의 비즈니스에 대해 높은 이해도를 갖고 있거나 직접 운영하고 있다면, 평균 이상의 안목으로 사업의 성공 여부를 판단하고 투자할 수 있다.

반면, 두 번째 접근은 그와 정반대다. 미래를 예측할 수 없고, 결과에 영향을 줄 수단도 없다는 점을 철저히 인정하고, 가능한 한 광범위하게 분산투자하는 전략이다. 어떤 자산이 유망할지, 어떤 산업이 떠오를지 확신이 없다면, 가장 현명한 선택은 모든 자산에 조금씩 나눠 투자하는 것이다. 그러면 거의 평균적인 수익률을 얻을 수 있으며, 장기적으로 볼 때 평균은 꽤 괜찮은 수준이다.

문제는 이 전략 중 어느 쪽도 선택하지 않고, 그 사이 어정쩡한 지대에 머무는 경우다. 예를 들어 '금리가 앞으로 떨어질 것'이라는 예측에 따라 기술주에 집중투자한다고 가정해보자. 이러한 판단이 맞을 수도 있다. 그러나 예측이 틀릴 가능성도 있으며, 뜻밖의 이유로 해당 섹터가 붕괴할 수도 있다.

만약 자신의 예측 능력을 진지하게 시험해보고 싶다면, 모의 투자를 해보는 것이 좋다. 앞으로 어떤 일이 벌어질 것인지, 그 이유는 무엇인지, 거기에 어떻게 투자할지를 모두 문서로 남긴 뒤, 일정 시간이 지난 후 확인해보라.

이 과정은 자신의 통찰력이 실제로 유효한지 검증하는 데 도움이 된다. 많은 사람이 자신이 맞췄던 투자 판단은 기억하지만, 틀렸던 판단은 쉽게 잊어버리는 경향이 있다. 그 결과 스스로에 대한 착각에 빠지기 쉽다.

그렇기 때문에 통제하거나 완전히 분산투자하는 것이 더 나은 결과를 낳는다. 인생에서 극단은 피해야 할 선택일 수 있지만, 투자에 있어서는 예외다.

원칙 5 '완벽하게' 아는 사람은 아무도 없다는 사실을 이해하라

권력자들은 자신이 모든 걸 꿰뚫고 있다는 인상을 주고 싶어 한다. 하지만 현실을 직시해보자. 그들도 그냥 보통 사람들일 뿐이다.

당신의 직장에는 탁월한 전략을 바탕으로 침착하게 하루하루 계획을 실행해나가는 사람이 있는가? 아니면 그때그때 좋아 보이는 시도를 반복하며, 터지는 문제를 하나하나 처리해가는 사람이 대부분인가?

학교 다닐 때 알았던 사람 중에서 당신의 자금은 고사하고 당신의 반려묘를 맡길 수 있는 성실한 사람이 몇이나 될까? 정책 결정

자들은 화려한 학위로 이력서를 포장할 수 있지만, 그들도 우리처럼 그때그때 즉흥적으로 결정한다.

예를 들어 양적완화를 생각해보자. 미국 연방준비제도 의장이었던 벤 버냉키는 양적완화에 대해 "실제론 효과가 있는데, 이론적으로는 작동하지 않는다"라고 말한 바 있다. 이는 한마디로 '작동할지 확신은 없었지만, 일단 해봤다'는 의미다. 그리고 이건 점심 메뉴 고르기가 아니라, 세계 금융 시스템 전체를 구할 계획이었다는 점을 잊지 말자.

이런 맥락에서 보면, 세계 경제를 몇몇 사람이 조정하는 현재의 구조는 문제가 많다. 책의 서두에서 살펴봤듯이 경제란 결국 수십억 명의 사람들이 서로 거래하고, 더 나은 삶을 추구하는 행동의 총합이다. 이렇게 복잡한 시스템에서, 가장 정교한 알고리즘조차도 하나의 결정이 어떤 파급효과를 불러올지 예측할 수 없다. 어느 변화든 예상치 못한 결과를 초래하고, 이를 해결하기 위해 다른 조정이 필요해 무한한 개입의 연속이 될 수 있다. 다들 자기 일을 알아서 하도록 내버려두는 게 더 나았을지도 모른다.

물론 이런 생각은 내가 지나치게 단순화한 것이고, 때로는 큰 개입이 반드시 필요한 순간도 있다. 하지만 핵심은 이렇다. 당신의 삶에서 가장 나은 결정을 내리기 위해 중앙은행 총재가 어떤 말을 했는지 매번 집착할 필요는 없다.

당신의 삶에서 벌어지는 모든 일과 마찬가지로 돈에 대해 생각할 시간과 정신적 에너지는 제한되어 있다. 그러므로 세계의 경제 결정권자들이 시행하려는 거대한 계획을 예측하려고 애쓰는 대신, 당신이 통제할 수 있는 일에 에너지를 집중하라고 권하고 싶다. 어차피 그들의 계획은 예상대로 결말이 나지 않을 확률이 높기 때문이다.

그들의 발표를 기반으로 모든 투자금을 한 자산에서 빼서 다른 자산군으로 옮기는 극단적인 행동을 하지는 말자. 기본적인 원칙, 즉 번 것보다 적게 쓰고 남은 돈은 장기 투자하는 것이 훨씬 나을 것이다. 결국 분석팀과 방대한 데이터 접근 권한을 가진 이 세상의 거장들이 제대로 해내지 못한 일을 당신이 할 수 있다고 생각할 근거는 없지 않은가?

[원칙 6] 예상치 못한 일에 대비하라

나는 최근에 체육관, 사무실, 그리고 붐비는 기차역에서 화재 경보가 울리는 사태를 경험했다. 사람들이 모두 차분하게 비상구 쪽으로 걸어나갔을까? 아니면 큰 혼란이 벌어졌을까? 둘 다 아니다. 소리를 끄고 지켜보고 있었다면 아무 일도 일어나지 않았다고 생각했을 것이다. 내 경험상 대부분의 사람은 무언가가 실제로 불타고 있지 않는 한 경보가 거짓이라고 가정한다. 연구에 따르면 이는 결코 드문 현상이 아니다.

이것이 바로 인간 심리에 내재된 정상성 편향의 작용이다. 곧 닥쳐올 위험에 대해 경고를 받아도, 이를 무시하거나 과소평가하는 경향 말이다. 이 편향은 역사적으로도 반복되어 왔다. 정상성 편향은 폼페이 주민들이 몇 시간 동안 베수비오 화산이 분화하는 것을 지켜보고 있었음에도 대피하지 않았던 이유와 예상되는 홍수나 폭풍에 대비하도록 사람들을 설득하는 일이 왜 그렇게 어려운지 설명해준다.

전반적으로 나는 정상성 편향이 나쁘다고 생각하지 않는다. 어디에서나 위험을 인지하고 모든 경고 신호를 진지하게 받아들인다면 스트레스 요인이 될 것이고 불필요하게 에너지가 낭비될 것이다. 하지만 이런 성향은 발생 확률은 적지만 영향력은 거대한 사건이 실제로 발생할 때 우리를 무방비 상태로 만든다.

경제에 관해서는 이러한 일들이 발생한다. 1929년 '광란의 20년대'가 대공황으로 바뀌었고, 1971년 '일시적인' 금본위제 중단, 2020년의 팬데믹이 그 예다. 대략 50년 주기로 상황이 뒤집히는 사건이 한 번씩 일어나는 듯하다. 억만장자 헤지펀드 매니저인 레이 달리오Ray Dalio는 대략 70년 동안 지속되는 '장기 부채 사이클'에 대해 광범위하게 글을 썼으며, 일생에 한 번밖에 발생하지 않기 때문에 아무도 이를 미리 알아차리지 못한다고 언급했다.

위험이 조금이라도 감지되면 무조건 비상구로 뛰어가라는 말이 아니다. 이미 말했듯 언론에게는 위험을 확대하고 세상이 곧 무너질 듯 이야기할 인센티브가 있다. 하지만 현재의 경제적 현상이 유지되는 동안에만 작동하는 투자 전략은 따르지 않는 것이 합리적이다. 많은 사람이 주식시장 포트폴리오에 저렴한 레버리지를 과도하게 사용해 더 많은 주식을 구매했다. 이는 14년 동안 금리가 거의 제로였을 때는 좋은 생각이었다. 누가 금리가 다시 오를 것이라고 생각했을까? 실제로 심지어 영국의 최대 연기금조차 그렇게 했다.

언젠가 달러는 붕괴할 것이다. 주요 정부가 채무불이행 상태에 빠질 것이다. 은행계좌에서 자산을 몰수하는 법안이 통과될 것이다. 그날이 오늘일까, 당신이 이 글을 읽고 있는 지금일까? 아직은 그럴 일이 분명 없으며, 그런 일이 오늘 일어날 것처럼 행동하는 것은 어리석은 일이다. 언제 일어날지 모르고 어차피 할 수 있는 것이 없으니 걱정할 필요도 없다. 그러나 이러한 극한의 사건에 자신을 더 많이 노출시켜선 안 된다. 그래서 나는 다시 한번 강조한다. 다양한 자산에 분산투자하라. 그것이야말로 예상치 못한 세상의 충격에도 살아남는 가장 현실적인 방법이다.

원칙 7 당신의 가치를 깨달아라

지금까지 쌓아올린 이야기들이 많아서 여러분이 잊었을지도 모르는 한 가지 관찰에서 이 책은 시작했다. 돈은 기본적으로 모두가 믿기로 선택한 허구라는 것이다. 점토 원반이든, 군주의 얼굴이 새겨진 금속 조각이든, 모니터 화면에 표시된 숫자든, 돈의 목적은 가치를 표시하는 것이지 그 자체에 내재된 가치가 있는 것은 아니다. 돈을 소유할 가치가 있다면, 그것은 나중에 교환할 수 있는 재화와 서비스 때문이다.

세월이 흐르면서 금융 시스템이 작동하는 방식은 계속 변할 것이다. 오늘날의 통화는 대체되고 잊힐 수도 있다. 우리는 더 지역적이고 분산된 시스템으로 이동할 수도 있고, 그 반대로 단일한 세계 통화로 집결될 수도 있다. 심지어 부채가 모두 청산될 가능성도 있다. 그러나 절대 변하지 않을 한 가지는 신뢰할 수 있는 사람들이 서로 재화와 서비스를 교환해 모두가 이익을 얻으려는 욕구다.

지금까지 책을 읽으며 다소 암울한 이야기들을 접해왔을 것이다. 하지만 이 마지막 메시지는 꽤나 위안이 되지 않는가? 어떤 금융 시스템에서도 살아남기 위한 핵심 조건은 결국 타인에게 가치를 제공하는 것이다. 이걸 해내는 데 확정된 공식은 없다. 또한 시장이 공정한 보상을 보장하지도 않는다.

하지만 방법이야 어찌 되었든 당신이 진정한 가치를 제공한다면 그에 대한 보상은 돌아온다. 그리고 더 많은 돈을 벌고 싶다면 더 큰 가치를 증명하거나 더 많은 사람에게 그 가치를 전달하면 된다. 쉽지는 않다. 하지만 적어도 이것은 정부나 중앙은행이 무엇을 하든 '당신이 통제할 수 있는 영역' 안에 있는 일이다.

이 책을 재미있게 읽었다면 내 아내 미쉬Mish 덕분이다. 나는 이 책을 쓰다가 수없이 포기하려고 했지만, 그녀는 18개월 동안 불평 없이 엉성한 초안을 수정해 의미 있게 다듬어줬고, 결국 이 책을 끝까지 마무리하도록 응원해주었다.

그 후 몇몇 특별하고도 용감한 분들이 자원해서 이 책이 출간되기 전에 내용을 전부 읽고 획기적으로 개선할 수 있는 제안을 해주었다. 여기에서 그분들에게 감사한다.

매튜 홀Matthew Hall, 로버트 디첼Robert Ditzel, 콜린 맥크래Colin McCrae, 리스 헤인즈워스Rhys Hainsworth, 알리 다이목Ali Dymock, 벨린다 더치Belinda Dutch, 스테판 아우리노Stefan Aurino, 콜린 하드윅Colin Hardwick, 루이지 팔치오니Luigi Falcioni, 킴 데이븐포트 지Kim Davenport Gee, 사이먼 왈리Simon Whalley, 저스틴 에반스Justyn Evans, 헤이더Heider, 빌리 셰어라Billie Sheara, 칼 에드워즈Carl Edwards, 타냐 윈슨Tanya Winson, 루스 휴즈Ruth Hughes, 피파 비어Pippa Beer, 수잔 에반스Susan Evans, 제러미 스티븐스Jeremy Stephens, 리나Reena, 로라 칸스데일Laura Cansdale, 벤 브리스코Ben Briscoe, 에오인 맥셰인Eoin McShane, 제이슨 토머스Jason Thomas.

그리고 나를 '정식' 출판의 세계로 이끌어준 노엘Noel, 시오네이드Seonaid, 리안Liane에게 크게 감사한다. 나의 출간 경험을 매우 보람 있게 만들어준 에이전트 레이첼 밀스Rachel Mills와 편집자 로완 보처스Rowan Borchers에게도 감사하다.

또한 사업파트너 롭 벤스Rob Bence와 프로퍼티 허브Property Hub의 전체 팀원들에게도 감사의 말을 전한다. 이들은 4년 동안 일관되게 "다음 책은 언제 나오나요?"라고 물으면서 내게 적당한 죄책감과 사회적 압박을 가했다.

아, 그리고 당신에게도 감사하다. 한정된 시간과 관심사에도 불구하고 이 책을 선택해줬기 때문이다. 그리고 당신은 감사의 말까지 읽는 유형의 사람이고, 나는 그런 사람을 좋아한다. 아마도 당신은 영화의 엔딩크레딧이 다 올라갈 때까지 앉아 있으면서 쿠키 영상이 있는지 확인하는 사람일 것이다. 이 책에 그런 부분이 없다고 너무 실망하지 않기를 바란다.

주

1장 통장에 찍힌 돈은 진짜 '돈'인가

1 https://fortune.com/2021/12/20/001-percent-bitcoin-holders control-nearly-one-third-supply/

2 https://coinmarketcap.com/legal-tender-countries/

2장 나도 모르는 새, 돈은 어디로 사라지는가

1 https://alphahistory.com/weimarrepublic/1923-hyperinflation/

2 https://www.gov.uk/government/statistical-data-sets/live-tables-on-housing-market-and-house-prices and https://www.measuringworth.com/datasets/gold/result.php

3 https://www.chards.co.uk/gold-price/gram/usd/all-time and https://www.census.gov/construction/nrs/historical_data/index.html

4 https://www.fao.org/worldfoodsituation/foodpricesindex/en/

5 https://www.in2013dollars.com/UK-inflation

6 https://in2013dollars.com/

3장 열심히 버는데도 가난해지는 이유

1 https://www.newstatesman.com/chart-of-the-day/2022/01/uk-wages-fall-back-below-2008-level

2 http://www.centralbanknews.info/p/inflation-targets.html

3 https://www.ons.gov.uk/economy/inflationandpriceindices/articles/ukconsumerpriceinflationbasketofgoodsandservices/2022

4 https://fred.stlouisfed.org/series/MSM4UKQ and https://www.bankofengland.co.uk/boeapps/database/fromshowcolumns.asp?SeriesCodes=LPQAUYN&UsingCodes=Y&Filter=N&title=LPQAUYN&VPD=Y

5   https://fred.stlouisfed.org/series/MSM4UKQ and https://www.bankofeng
      land.co.uk/boeapps/database/fromshowcolumns.asp?SeriesCodes=LPQAUYN
      &UsingCodes=Y&Filter=N&title=LPQAUYN&VPD=Y

6   https://www.in2013dollars.com/uk/inflation/1970?amount=100

4장   당신의 부를 결정하는 돈의 설계자들

1   https://www.investopedia.com/articles/07/roots_of_money.asp

2   https://www.chards.co.uk/blog/brief-history-of-british-coins/464

3   https://link.springer.com/chapter/10.1057/9780230118249_4

4   https://www.mycreditunion.gov/financial-resources/history-united-states-
      currency

5   https://www.britannica.com/topic/yen

6   https://www.bankofengland.co.uk/archive/index-to-original-subscribers-to-
      bank-stock-1694

7   https://www.historyandpolicy.org/seminars/seminar/hm-treasury-series-8-
      the-national-debt

8   https://www.officialdata.org/uk/inflation/1750?endYear=2020&amou
      nt=100

9   http://piketty.pse.ens.fr/files/capitalisback/CountryData/UK/VariousOfficial
      Series/CPIsince1750.pdf

10   https://www.natwestgroupremembers.com/banking-in-wartime/banking-
      business/gold-banknotes-and-money-supply-in-the-first-world-war.html

11   https://www.bankofengland.co.uk/-/media/boe/files/quarterly-
      bulletin/2014/quarterly-bulletin-2014-q1.pdf

12   https://www.presidency.ucsb.edu/documents/executive-order-6102-
      requiring-gold-coin-gold-bullion-and-gold-certificates-be-delivered

13   https://www.federalreservehistory.org/essays/bretton-woods-created

14   https://www.federalreservehistory.org/essays/gold-convertibility-ends

15   https://www.officialdata.org/

5장   당신이 버는 돈은 '무'에서 '유'로 창조된다

1   http://news.bbc.co.uk/1/hi/uk/7967538.stm

2   https://www.bankofengland.co.uk/monetary-policy/quantitative-easing

3   https://www.macrotrends.net/countries/GBR/united-kingdom/inflation-

rate-cpi

4 https://en.wikipedia.org/wiki/Inflation_targeting#Countries

5 https://www.bankofengland.co.uk/about/governance-and-funding

6 https://www.stlouisfed.org/in-plain-english/the-fed-and-the-dual-mandate.

7 Money: Whence It Came, Where It Went (Princeton University Press, 1975).

8 https://www.macrotrends.net/countries/GBR/united-kingdom/inflation-rate-cpi

9 https://www.macrotrends.net/countries/USA/united-states/inflation-rate-cpi

10 https://www.macrotrends.net/countries/AUS/australia/inflation-rate-cpi

6장   당신의 부채는 자산인가, 위험인가

1 https://researchbriefings.files.parliament.uk/documents/SN06152/SN06152.pdf

2 https://stats.bis.org/statx/srs/table/f4.1?p=20213

3 https://wolfstreet.com/2019/03/23/countries-with-most-monstrous-corporatedebt-pileup-u-s-wimps-out-in-25th-place-debt-to-gdp/

4 https://www.statista.com/chart/24023/corporate-debt-level-by-country/

5 https://tradingeconomics.com/united-kingdom/householdsdebt-to-gdp and https://tradingeconomics.com/united-states/households-debt-to-gdp and https://tradingeconomics.com/china/households-debt-to-gdp

6 https://www.bis.org/statistics/totcredit/credgov_doc.pdf

7 https://www.ons.gov.uk/peoplepopulationandcommunity/personalandhouseholdfinances/incomeandwealth/bulletins/householddebtingreatbritain/april2016tomarch2018

8 https://www.ons.gov.uk/peoplepopulationandcommunity/personalandhouseholdfinances/incomeandwealth/bulletins/householddebtingreat-britain/april2016tomarch2018

9 https://www.finder.com/uk/personal-loans-statistics

10 https://www.bis.org/statistics/totcredit.htm

11 https://wwwbankofengland.co.uk/boeapps/database/Bank-Rate.asp

12 https://www.ons.gov.uk/peoplepopulationandcommunity/personalandhouseholdfinances/incomeandwealth/bulletins/householddebtingreatbritain/april2016tomarch2018

7장 국가부채가 폭발할 때, 내 주머니에 생기는 일

1 https://www.ons.gov.uk/economy/governmentpublicsectorandtaxes/
   publicspending/bulletins/ukgovernmentdebtanddeficitforeurostatmaast/
   june2022#government-debt

2 https://www.ukpublicspending.co.uk/uk_national_spending_analysis

3 https://www.ukpublicspending.co.uk/spending_chart_1947_2020UKp_17
   c1li011lcn_H0t_UK_Deficit_Since_World_War_II

4 https://fred.stlouisfed.org/series/FYFSD

5 https://www.ukpublicspending.co.uk/uk_national_spending_analysis

6 https://www.ukpublicrevenue.co.uk/revenue_history

7 https://data.worldbank.org/indicator/SP.POP.GROW?locations=GB

8 https://www.ons.gov.uk/employmentandlabourmarket/peopleinwork/
   labourproductivity/timeseries/lzvd/prdy

9 https://www.npr.org/2022/08/23/1119126863/chinas-slice-of-the-
   us-debt-pie

10 https://www.ft.com/content/3d576f71-6833-4a55-8b8cf4abf b0ca172

11 https://www.theguardian.com/business/2019/sep/05/has-the-age-of-
   austerity-really-come-to-an-end-sajid-javid

12 https://www.ons.gov.uk/economy/governmentpublicsectorandtaxes/
   publicsectorfinance/bulletins/pub-licsectorfinances/september2022

13 https://obr.uk/public-finances-databank-2021 – 22/

14 https://www.dmo.gov.uk/data/pdfdatareport?reportCode=D2.1E

15 https://www.ukpublicspending.co.uk/uk_year2022_0.html

16 https://www.ukpublicrevenue.co.uk/year_revenue_2022UKbn_17bc1n_
   F0506063#ukgs302

17 https://www.ukpublicspending.co.uk/spending_chart_1900_2020UKp_17c1
   li011tcn_90t

18 https://www.dmo.gov.uk/data/pdfdatareport?reportCode=D5D

19 https://www.ft.com/content/aed8ab8d-70dc-4554-897c-a87fd2d6821e

20 https://www.ons.gov.uk/economy/governmentpublicsectorandtaxes/
   publicsectorfinance/bulletins/publicsectorfinances/september2022
   #borrowing-in-september-2022

21 https://www.ukpublicspending.co.uk/spending_chart_2010_2019UKb_21s1
   li111mcn_G0t

8장 부의 격차를 만든 양적완화의 민낯

1 https://www.macrotrends.net/countries/GBR/united-kingdom/unemployment-rate

2 https://tradingeconomics.com/united-kingdom/gdp

3 https://tradingeconomics.com/united-kingdom/interest-rate

4 https://www.thebalancemoney.com/what-is-qe1-3305530

5 https://www.bankofengland.co.uk/monetary-policy/quantitative-easing

6 https://www.ecb.europa.eu/mopo/implement/app/html/index.en.html

7 https://www.bis.org/publ/bppdf/bispap66g.pdf

8 https://www.philadelphiafed.org/the-economy/monetary-policy/did-quantitative-easing-work

9 https://www.bankofengland.co.uk/-/media/boe/files/quarterly-bulletin/2009/quantitative-easing.pdf?la=en&hash=0A59C421AC345729A53E1D976D0064E046884369

10 https://www.bankofengland.co.uk/-/media/boe/files/quarterly-bulletin/2009/quantitative-easing.pdf?la=en&hash=0A59C421AC345729A53E1D976D0064E046884369

11 https://www.lbc.co.uk/news/bank-of-england-andrew-bailey-500k-salary/

12 https://www.forbes.com/sites/adamandrzejewski/2021/10/26/why-so-secret-the-federal-reserve-hides-nearly-all-23000-employeesalaries/ p. 115 'The rate of inflation in the UK . . . and US [against] the 2 per cent target': and https://www.bankofengland.co.uk/boeapps/database/fromshowcolumns.asp?Travel=NIxSTxTAxSUx&FromSeries=1&ToSeries=50&DAT=RNG&FD=1&FM=Jan&FY=1963&TD=31&TM=Dec&TY=2021&FNY=&CSVF=TT&html.x=102&html.y=25&C=1EQ&Filter=N and https://fred.stlouisfed.org/series/FPCPITOTLZGGBR

13 https://positivemoney.org/how-money-works/advanced/how-quantitative-easing-works/

14 https://positivemoney.org/how-money-works/advanced/how-quantitative-easing-works/

15 https://www.cnbc.com/2017/11/24/the-fed-launched-qe-nine-years-ago-these-four-charts-show-its-impact.html

16 https://www.ons.gov.uk/economy/inflationandpriceindices/timeseries/l55o/

mm23 and https://www.usinflationcalculator.com/inflation/historical-inflation-rates

9장 '공짜 돈'의 시대는 끝났다

1 https://fullfact.org/online/furlough-costs-trident/

2 https://www.bloomberg.com/news/articles/2021-10-21/u-k-spent-almost-100-billion-supporting-furloughed-employees

3 https://www.macrotrends.net/countries/GBR/united-kingdom/unemployment-rate

4 https://www.macrotrends.net/countries/USA/united-states/unemployment-rate

5 https://www.covidmoneytracker.org/

6 https://www.cnbc.com/2022/06/11/the-pandemic-stimulus-checks-were-a-big-experiment-did-it-work.html

7 https://www.nytimes.com/interactive/2022/03/11/us/how-covid-stimulus-money-wasspent.html

8 https://committees.parliament.uk/publications/8934/documents/152365/default/

9 https://commonslibrary.parliament.uk/research-briefings/cbp-9309/

10 https://www.bankofengland.co.uk/monetary-policy/quantitative-easing

11 https://www.ons.gov.uk/economy/governmentpublicsectorandtaxes/publicsectorfinance/timeseries/fziq/pusf and https://www.ons.gov.uk/economy/governmentpublicsectorandtaxes/publicsectorfinance/timeseries/ruuw/pusf

12 https://www.ecb.europa.eu/mopo/implement/app/html/index.en.html

13 https://www.rba.gov.au/publications/smp/2021/aug/box-a-central-bank-purchases-of-governmentbonds.html

14 https://www.stuff.co.nz/business/opinion-analysis/126261112/who-will-pay-the-price-for-the-54-billion-spent-on-quantitativeeasing

15 https://www.imf.org/en/Topics/imf-and-covid19/Policy-Responses-to-COVID-19#E

16 https://www.statista.com/topics/6441/quantitative-easing-in-the-us/#dossierKeyfigures)

17 https://www.atlanticcouncil.org/global-qe-tracker/

18   https://www.bankofengland.co.uk/boeapps/database/fromshowcolumns.asp?
      Travel=NIxSTxTAxSUx&FromSeries=1&ToSeries=50&DAT=RNG&FD=1
      &FM=Jan&FY=2010&TD=31&TM=Dec&TY=2020&FNY=&CSVF=TT
      &html.x=108&html.y=49&C=LM&Filter=N

19   https://data.oecd.org/price/inflation-cpi.htm

20   https://data.oecd.org/price/inflation-cpi.htm

21   https://www.ft.com/content/e2736009-4b9b-4535-a025-
      ed48c1eb21a9

22   https://www.ons.gov.uk/economy/nationalaccounts/uksectoraccounts/
      bulletins/nationalbalancesheet/2021#uk-net-worth

23   https://tradingeconomics.com/united-kingdom/personal-savings

24   https://www.federalreserve.gov/releases/z1/dataviz/z1/balance_sheet/chart/

25   https://tradingeconomics.com/united-states/personal-savings

26   https://www.gold.org/goldhub/data/gold-prices

27   https://finance.yahoo.com/quote/percent5EGSPC/history/

28   https://backtest.curvo.eu/market-index/ftse-actuaries-uk-conventional-
      gilts-all-stocks

29   https://www.bankofengland.co.uk/-/media/boe/files/quarterly-
      bulletin/2009/quantitativeeasing.pdfla=en&hash=0A59C421AC345729A53
      E1D976D0064E046884369

30   https://www.ishares.com/uk/individual/en/products/251806/ishares-uk-
      gilts-ucits-etf?switchLocale=y&siteEntryPassthrough=true#chartDialog

31   https://www.vanguardinvestor.co.uk/investments/vanguard-lifestrategy-40-
      equity-fund-accumulation-shares/overview

32   https://www.vanguardinvestor.co.uk/investments/vanguard-lifestrategy-100-
      eq-uity-fund-accumulation-shares/overview

33   https://www.gzeromedia.com/the-graphic-truth-50-years-of-us-inflation-
      vs-interest-rates and https://www.economicshelp.org/blog/1485/interest-
      rates/historical-real-interest-rate/

34   https://www.theguardian.com/business/2022/nov/03/bank-of-england-
      interest-rates-higher-uk-economy

10장 돈의 흐름을 읽는 자가 기회를 잡는다

1   https://www.ons.gov.uk/economy/governmentpublicsectorandtaxes/

publicsectorfinance/bulletins/publicsectorfi-nances/september2022

2 https://tradingeconomics.com/united-states/government-debt-to-gdp.

3 https://tradingeconomics.com/united-kingdom/households-debt-to-gdp

4 https://tradingeconomics.com/united-kingdom/interest-rate

5 https://tradingeconomics.com/united-states/interest-rate

6 https://www.economist.com/graphic-detail/2022/11/02/inflation-is-too-high-whenthe-public-notices-it

7 https://www.validusrm.com/2021/08/31/two-and-a-half-centuries-of-realinterest-rates/

8 https://www.thisismoney.co.uk/money/saving/article-1601066/Has-your-savings-rate-risen.html

9 https://www.in2013dollars.com/UK-inflation-rate-in-2006

10 https://cepr.org/voxeu/columns/financial-repression-then-and-now

11 https://markets.ft.com/data/bonds/tearsheet/summary?s=UK10YG

12 https://www.moneysavingexpert.com/savings/premium-bonds/

13 https://advantage.zpg.co.uk/insights/reports/rental-affordability-in-great-britain/

14 https://www.ons.gov.uk/economy/inflationandpriceindices/timeseries/l522/mm23 and https://www.ons.gov.uk/economy/inflationandpriceindices/datasets/indexofprivatehousingrentalpricesrefer-encetables

15 https://journals.sagepub.com/doi/full/10.1177/0042098019872691

16 https://backtest.curvo.eu/portfolio/msci-world – NoIgsgygwgkgBAdQPYCcA2ATEAaYoAyAqgI-wDsAHMQKwAsxZAnDsQLpt

결론: 돈을 이해하는 순간, 세상이 선명해진다

1 https://www.marketwatch.com/investing/bond/tmbmkgb-10y?countrycode=bx

2 http://www.worldgovernmentbonds.com/cds-historical-data/united-kingdom/5-years/

3 https://www.ft.com/content/2c03ce71-c7f6-4d99-a7fb-509bea069f57

옮 긴 이
신 현 승 서울대학교 경제학과를 졸업하고 한국외환은행에 입행하여 외화자금부, 고객 만족 혁신실, 상품개발부장, 삼성역지점장, 홍콩지점장, 외국 고객 영업본부장, 해외사업 그룹 부행장, 영업 채널 그룹 부행장, 영업 총괄 부행장을 거치면서 국제금융, 기업금융, 개인금융 등 다양한 은행 업무를 담당했다. 하나금융그룹 자문위원, 쌍용 C&E 금융자문위원, 애콜레이드 경영 컨설턴트, 법무법인 대륙아주 고문을 역임했다. 글밥아카데미를 수료하고 바른번역 소속 번역가 및 브릴리언트의 에디터로 활동 중이다. 옮긴 책으로《하버드 스타트업 바이블》,《리스크 프레임》,《프롭테크 101》,《어떻게 투자할 것인가》,《웹3 시대와 새로운 기회》등이 있다.

돈의 가격
부자들만 알고 있는 돈의 작동 원리

초판 1쇄 2026년 1월 15일

지은이 롭 딕스
옮긴이 신현승

발행인 문태진
본부장 서금선
책임편집 송현경   **편집 1팀** 한성수 이예림   **디자인** [★]규

기획편집팀 임은선 임선아 허문선 최지인 이준환 송은하 김광연 이은지 김수현 원지연
마케팅팀 김동준 이재성 박병국 문무현 김은지 이지현 전지혜 조용환 김화정 천윤정
저작권팀 정선주
디자인팀 김현철 강재준
경영지원팀 노강희 윤현성 정헌준 조샘 이지연 조희연 김기현
강연팀 장진항 조은빛 신유리 김수연 송해인

펴낸곳 ㈜인플루엔셜
출판신고 2012년 5월 18일 제300-2012-1043호
주소 (06619) 서울특별시 서초구 서초대로 398 그레이스 강남 11층
전화 02)720-1034(기획편집)   02)720-1024(마케팅)   02)720-1042(강연섭외)
팩스 02)720-1043
전자우편 books@influential.co.kr
홈페이지 www.influential.co.kr

ISBN 979-11-6834-351-1 03320